Raimund Herder

Wege in den Widerstand gegen Hitler

D1925310

HERDER spektrum

Band 6097

Das Buch

Die Beschäftigung mit dem Widerstand gegen den Nationalsozialismus kann sich nicht auf das Attentat vom 20. Juli 1944 beschränken. Zu breit, zu vielfältig waren die Bestrebungen in Deutschland, der Diktatur Hitlers und seiner Partei ein Ende zu bereiten. Das Buch vermittelt einen gut verständlichen, kompakten Überblick über die unterschiedlichen Voraussetzungen, Hintergründe und Wege, die zum Widerstand gegen Hitler führten.

Der Autor

Raimund Herder, Dr. phil., studierte Philosophie und Geschichte in Würzburg, Freiburg und Bonn. Er lebt in Barcelona, wo er als Verleger tätig ist.

Raimund Herder

Wege in den Widerstand gegen Hitler

Mit einem Vorwort von
Philipp Freiherr v. Boeselager

HERDER

FREIBURG · BASEL · WIEN

STADTBIBLIOTHEK
Bad Homburg
175678

© Verlag Herder GmbH, Freiburg im Breisgau 2009
Alle Rechte vorbehalten
www.herder.de

Umschlagkonzeption und -gestaltung:
R·M·E Eschlbeck / Botzenhardt / Kreuzer
Umschlagmotiv: © ullstein bild - dpa
Autorenfoto: © Ana Esteban

Herstellung: fgb · freiburger graphische betriebe
www.fgb.de

Gedruckt auf umweltfreundlichem, chlorfrei gebleichtem Papier
Printed in Germany

ISBN 978-3-451-06097-7

INHALT

VORWORT

Philipp Freiherr v. Boeselager

Als unlängst die Ergebnisse von Umfragen zum Demokratieverständnis in Deutschland in den Zeitungen zu lesen waren, habe ich mit großem Erstaunen gesehen, dass über ein Drittel der Deutschen in Ost und West die Demokratie nicht mehr für die beste und geeignetste Staatsform hält. Nun mag man ja Verschiedenes, vielleicht sogar vieles an der politischen Situation unseres Landes und selbst am politischen System kritisieren, aber jeder verständige Mensch muss doch wissen, dass es heute keine wirkliche Alternative zur Demokratie geben kann. Man hört und liest viel von einer großen Verunsicherung der Menschen, von sich wandelnden Werten, oder besser, dem Verlust alter Werte, ohne dass neue sichtbar würden, und von der Bedrohung unseres Wohlstandes und unserer sozialen Systeme durch die wirtschaftliche Entwicklung einer Welt, die sich zumindest wirtschaftlich nicht mehr in Nationen unterteilen lässt. Offensichtlich halten nicht wenige Menschen in dieser Situation ein politisches System, das den Konsens der Bevölkerung sucht, nicht mehr für fähig, Lösungen der entstandenen und weiter entstehenden Probleme zu finden. Sie sehnen sich nach einer »starken Hand«, die nach eigenem Gutdünken entscheidet und handelt, und übersehen dabei, dass eine solche »starke Hand« die Macht selten wieder abgibt.

Ich selbst bin auch in einer Zeit aufgewachsen, in der viele Menschen aus allen Schichten der Bevölkerung ähnlich dachten. Die wirtschaftlichen und sozialen Probleme damals waren erdrückend, und Deutschland galt nach dem verlorenen Ersten Weltkrieg als eine Nation zweiter Klasse. Die Politik hatte dem nicht nur nichts entgegenzusetzen, sondern rutschte von einer Krise in die nächste. Die Demokratie, die Parteien und ihre Vertreter konnten kein Vertrauen und keine Hoffnung erwecken. Auch meine Familie sah in der Weimarer Republik nicht ihre politische Heimat, so wie ihr schon das Wilhelminische Kaiserreich fremd gewesen war. Der katholische Glaube und das aristokratische Selbstverständnis, die unsere Umgebung prägten, verwiesen uns auf eine Reichsidee, die mehr als hundert Jahre zuvor untergegangen war: das Heilige Römische Reich Deutscher Nation. Aber mit Weimar und der jungen und unsicheren Demokratie, die nach dem verlorenen Ersten Weltkrieg mehr zufällig entstanden als bewusst gewählt worden war, wussten wir wenig anzufangen.

Auch wir sahen die erdrückenden wirtschaftlichen Probleme, die wachsende Armut und die daraus resultierenden sozialen Spannungen, auch wir erlebten die demütigenden Auswirkungen des Versailler Vertrags und auch wir empfanden die Hilflosigkeit der Weimarer Republik. Die tiefe Verwurzelung in der Tradition und im katholischen Glauben allerdings bewahrte mich wie auch meine Geschwister davor, von Hitler und dem Nationalsozialismus Lösungen für diese Probleme zu erwarten.

Ich war sechzehn Jahre alt und noch Schüler am Jesuitenkolleg in Godesberg, als ich 1934 zum ersten Mal, wenn auch nicht unmittelbar, mit Hitler in Berührung kam. Wir hörten, Hitler sei im Rheinhotel Dreesen abgestiegen, und ein Freund und ich beschlossen, uns diesen Mann, von dem alle sprachen, einmal aus der Nähe anzuschauen. In die Nähe kamen wir nicht, sondern wurden sofort von irgendwelchen SS-Posten festgenommen und für vierundzwanzig Stunden ohne Essen oder Trinken in eine Garage gesperrt, bevor man uns wieder nach Hause schickte. Wir ahnten nichts vom »Röhmputsch«. Aber diese Episode hat mir einen ersten Eindruck vom mangelnden Rechtsverständnis der Nazis verschafft und meine Begeisterung für Hitler nicht gerade gefördert. Ich verdanke es meinen Eltern und meinen jesuitischen Lehrern, dass ich mich auch in den folgenden Jahren nicht von den Erfolgen Hitlers habe begeistern lassen.

Dabei schienen Hitlers Erfolge selbst die kühnsten Hoffnungen zu übertreffen, als er die Arbeitslosen von den Straßen holte, das Saargebiet zurückgewann und das Rheinland militärisch wieder in Besitz nahm, als er die Wehrmacht aufrüstete, schließlich Österreich dem Reich eingliederte und so gegen alle Bestimmungen des Versailler Vertrages den Traum von einem starken Reich zu erfüllen schien. Hitler gab Deutschland wieder Größe und den Deutschen wieder Selbstrespekt zurück, und es war nicht leicht, sich dieser Euphorie zu verschließen. Selbst viele der Menschen, die später im Widerstand ihr Leben verloren, ließen sich in dieser Zeit von Hitlers Erfolgen blenden.

Noch ein weiteres Erlebnis aus meinem persönlichen Umfeld ließ mich erkennen, welche verbrecherischen Machenschaften mit Hitler Einzug in unsere Gesellschaft gehalten hatten. Im März 1938 wurde mein Vetter, Wilhelm Ketteler, der in meinem Elternhaus viel verkehrt hatte und mit meinen älteren Brüdern befreundet war, von der Gestapo ermordet. Der Mord wurde vertuscht beziehungsweise als Selbstmord dargestellt. Ketteler war persönlicher Referent beim Botschafter Franz v. Papen in Wien gewesen. Wir erwarteten alle, dass Papen nach diesem unerhörten Ereignis zurücktreten würde, aber der Mord blieb ohne Folgen. Da man sich das gar nicht vorstellen konnte, wurde spekuliert, dass gegen Ketteler etwas Ehrenrühriges vorläge, denn anders war diese Folgenlosigkeit nicht zu erklären. Erst Monate später erfuhr ich, dass Ketteler zur Gruppe von Jung, Bose, Kageneck und Tschirschky gehört hatte, die sich einige Jahre zuvor bemüht hatte, Hindenburg dazu zu bewegen, gegen Hitler vorzugehen, wofür dieser sich nun rächte. Jung und Bose waren bereits ermordet worden. Kageneck und Tschirschky flohen in die Schweiz.

Im November desselben Jahres kam es zu den Pogromen der »Reichskristallnacht«. Weder der Staat wurde daraufhin aktiv, noch die Justiz, noch natürlich die Partei. Ich war Offizier im Kavallerieregiment 15, und wir waren damals sehr aufgebracht. Unter den Offizieren wurde viel diskutiert und festgestellt, dass wir als Soldaten wohl dem Notwehrparagraphen folgend hätten einschreiten müssen, wären wir dort gewesen. Aber auch die Wehrmacht war nicht eingeschritten, wie ich mit Erstaunen feststellte. Dass sich zu diesem Zeitpunkt der innere Kreis des zivilen und militärischen Widerstandes um Goerdeler, Beck, Oster, Dohnanyi und andere bereits zusammengefunden hatte, war uns natürlich nicht bekannt.

Die Duldung von Unrecht setzte sich fort. Ungläubig erfuhren wir von Verbrechen, die nach Kriegsbeginn von der SS in Polen verübt und nicht bestraft wurden, und von der Euthanasiepraxis, die erst auf Proteste der Soldaten hin eingestellt wurde. Wenn auch die Systematik hinter diesen Verbrechen und ihre ungeheure Tragweite noch nicht in vollem Umfang sichtbar wurde, so war doch klar, dass der Staat in den Händen von Menschen war, die mit aller Tradition, mit allen Werten, die man uns gelehrt hatte, brachen.

Im Juni 1942 – ich war damals Ordonnanzoffizier bei Generalfeldmarschall v. Kluge – hörte ich erstmals konkret von Erschießungen von Juden und Zigeunern durch die SS hinter der Front und bald darauf erfuhr ich auch, dass in Konzentrationslagern im Osten die Insassen, hauptsächlich Juden, systematisch und in großer Anzahl ermordet wurden. All dies erweckte in uns Offizieren Abscheu, Entsetzen und Angst.

Und zugleich war uns klar, dass dies irgendwann hundertfach auf unser armes Volk zurückschlagen würde. Das Schlimmste aber war, dass ich mir eingestehen musste, selbst darin verwickelt zu sein. Als Offizier war ich Diener dieses verbrecherischen Staates. Diese Erkenntnis war schrecklich, denn das, was geschah, überstieg alle Vorstellungen, und dennoch geschah es. Mit einem Mal war eine grundlegende Selbstverständlichkeit zerstört worden, dass nämlich der Staat ein Rechtsstaat sei. Ich wusste mir tatsächlich nicht zu helfen. Es war eine furchtbare Situation, aus der ich nur herausfand, weil ich Henning v. Tresckow begegnete, der zu diesem Zeitpunkt schon ein entschlossener Gegner Hitlers war.

Tresckow war ein Mann von ungewöhnlicher Ausstrahlung, ein Mann, wie man ihm nur einmal im Leben begegnet. Ein großartiger Mann, Preuße durch und durch im besten Sinne des Wortes, Diener des Staates, so wie alle seine Vorfahren Diener der preußischen Könige gewesen waren. Ein Mann von scharfem Verstand, tiefem Glauben und hohem Ethos, großer Tatkraft und unbeugsamer Gradlinigkeit. Er war der Ia-Offizier im Stab der Heeresgruppe Mitte und wurde ausnahmslos von allen Soldaten und Offizieren, aber auch von seinem Vorgesetzten, dem Generalfeldmarschall Kluge, in höchstem Maße geachtet. Er hatte zu diesem Zeitpunkt bereits eine Gruppe von Offizieren um sich versammelt, die an Umsturzplänen arbeitete. Er nahm mich in diese Gruppe hinein sowie auf meine Veranlassung später auch meinen Bruder Georg. So konnte ich erstmals über die bedrückende Situation mit Gleichgesinnten reden.

Gleichzeitig tat sich durch diesen Kontakt auch die Möglichkeit auf, am Kampf gegen Hitler aktiv teilzunehmen. Das war keine Entscheidung, die man ohne Bedenken fällte, denn auch dies war ein Bruch mit aller Tradition. Wir haben darüber im Kreis viel gesprochen. In unser aller Erziehung sowie in der Ausbildung, überhaupt in unserem Selbstverständnis als Soldaten, kamen Verschwörung, Staatsstreich, vor allem aber ein Attentat, noch nicht einmal als theoretische Möglichkeit vor. Tresckow hatte diesen inneren Kampf schon früher mit sich ausgefochten, denn für ihn stand zu dem Zeitpunkt bereits fest, dass nur ein Attentat in Frage kam. Durch ihn gelangten wir schließlich alle in diesem Kreis zu der Einsicht, dass man Hitler erschießen oder in die Luft sprengen, dass man selbst zum Mörder werden müsste, da anders der Staatsstreich nicht gelingen könnte. Viele hatten Schwierigkeiten mit dem Eid. Aber mir war klar, dass der Eid eine zweiseitige Bindung ist, die von Hitler unzählige Male gebrochen worden war.

Stauffenbergs Attentat vom 20. Juli, zu dem ich den Sprengstoff besorgt hatte, scheiterte. Es war das letzte einer ganzen Reihe von geplanten und versuchten Attentaten. Der Staatsstreich kam noch am selben Tag zum Erliegen. Meine Aufgabe war es, mit tausendzweihundert Mann nach Berlin zu fliegen, um in die erwarteten Kämpfe mit der SS einzugreifen und den Staatsstreich zu sichern. Wir waren bereits mehrere Tage zu Pferd unterwegs zu einem Flugplatz. Als klar wurde, dass das Attentat gescheitert war, kehrten wir in aller Eile wieder um. Wir hätten in Berlin nichts mehr ausrichten können. Von dieser Aktion hat die Gestapo nie etwas erfahren. Die beteiligten Soldaten, von denen nur zwei Offiziere eingeweiht waren, haben alle den Mund gehalten. Dies und die Tatsache, dass keiner von den verhafteten Widerständlern, selbst unter Folter, meinen Namen genannt hat, haben mir die Verhaftung erspart und das Leben gerettet. Fast allen anderen, die ich kannte, so wie überhaupt den meisten auch nur irgendwie mit dem Attentat in Verbindung stehenden Zivilisten und Soldaten ist es anders ergangen. Tresckow nahm sich das Leben, wie auch Hans Ulrich v. Oertzen, und mein Bruder Georg fiel Ende August 1944.

Wenn man sich heute für meine Erlebnisse im Widerstand interessiert, dann deshalb, weil ich einer der wenigen bin, die überlebt haben, nicht weil meine Rolle darin eine herausragende gewesen wäre. Tatsächlich sind die Überlebenden einer Tragödie selten deren Helden. Aber ich glaube nicht an Zufälle, ich glaube nicht, dass ich zufällig überlebt habe. Wenn man aber so denkt, dann kommt man nicht umhin sich zu fragen, warum man überlebt hat, während all diese prächtigen Menschen sterben mussten. Und dieser Frage folgt wie von selbst die nächste, nämlich ob man dem Umstand, überlebt zu haben, auch gerecht geworden ist, ob man sich dem würdig erwiesen hat. Diese Frage hat mich ein Leben lang gemahnt. So haben mich die Toten, die im Kampf gegen Hitler ihr Leben gelassen haben, stets begleitet. Ich habe nach dem Krieg lange Zeit gezögert, in der Öffentlichkeit über meine Erinnerungen an den Widerstand zu sprechen. Wenn ich es später dennoch tat, dann deshalb, weil ich glaubte und noch heute glaube, dass wir eine Pflicht haben, uns an diejenigen zu erinnern, die für ein gerechtes Deutschland gekämpft haben. Ich glaube, dass wir alle diese Pflicht haben, nicht nur ich und die wenigen Überlebenden, sondern auch die Nachgeborenen, auch die Generationen meiner Kinder und Enkel und vielleicht schon bald meiner Urenkel. Keiner hat sich den Ort und die Stunde seiner Geburt ausgewählt oder irgendetwas dazu beigetragen. Aber wem das Glück oder die Fügung bestimmt hat, in Frieden, Freiheit und Gerechtigkeit zu leben, dem erwächst daraus eine Pflicht. Für uns ist es die Pflicht, dass wir uns Demokratie, Rechtsstaat und Wohlstand nicht zur Selbstverständlichkeit werden lassen, dass wir politisch wach bleiben, um rechtzeitig Unrecht zu erspüren, zu realisieren und zu bekämpfen. Deshalb ist es mir ein Anliegen, dass der Widerstand gegen Hitler und die Menschen, die bereit waren, dafür ihr Leben einzusetzen, in unserem Gedächtnis wie auch im Bewusstsein der jungen Menschen von heute gegenwärtig sind und bleiben, und dass das Wissen um all das, was damals geschah, nicht verloren geht. Die vorliegende Schrift mag hierzu einen Beitrag leisten.

EINLEITUNG

Vor einigen Jahren stellte der Historiker Daniel Goldhagen in seinem Buch *Hitlers willige Helfer* die These auf, mehr oder minder alle Deutschen hätten Adolf Hitler in seinen Verbrechen unterstützt. Er meint damit nicht, jeder Deutsche habe aktiv an der Ermordung von Juden mitgewirkt, sondern die für diese Morde erforderliche Organisation sei notwendigerweise so groß gewesen, dass alle Deutschen davon gewusst und zumindest großenteils darin mitgewirkt haben müssten, sie aufrecht zu erhalten und ihr moralischen Rückhalt zu geben. Er erklärt diese Bereitschaft mit einem besonders in Deutschland vorherrschenden »eliminatorischen Antisemitismus«.

Dem steht die Behauptung vieler Zeitgenossen entgegen, sie hätten bis nach dem Krieg nichts von der Judenvernichtung gewusst und seien zutiefst erschüttert und entsetzt gewesen, als sie Kenntnis vom Ausmaß der systematischen Mordmaschinerie erhielten und die grauenhaften Bilder aus den Vernichtungslagern zu Gesicht bekamen. Die meisten Menschen, die behaupten, nichts gewusst zu haben, meinen damit nicht, sie seien völlig ahnungslos gewesen und hätten von den verbrecherischen Methoden und Gesetzen der Nationalsozialisten, vom Rassenhass und von den Deportationen, die ja offensichtlich waren, keinerlei Kenntnis gehabt. Sie sagen vielmehr, sie hätten nicht gewusst, dass die deportierten Juden in den Konzentrationslagern, deren Existenz ebenfalls bekannt war, und aus denen zumindest in den dreißiger Jahren gelegentlich Menschen entlassen wurden, systematisch und millionenfach ermordet wurden. Die meisten Menschen behaupten auch nicht, nichts von Erschießungen in den besetzten Gebieten gehört zu haben, sondern dass ihnen nichts Konkretes, keine Zahlen bekannt gewesen seien und sie schon gar nicht den dahinterstehenden systematischen Willen, tatsächlich alle Juden in Deutschland und den besetzten Gebieten auszurotten, wahrgenommen hätten. Sie sagen damit, dass sie aus den im Einzelnen bekannten Übergriffen, aus den sichtbar gewordenen Deportationen, aus der Ermordung von Juden und Zigeunern im Osten und aus den laufenden propagandistischen Hasstiraden des Gewaltherrschers und seiner Genossen nicht auf die systematische Vernichtung von Millionen von Menschen geschlossen, und vom ungeheuerlichen Ausmaß des Verbrechens erst nach dem Krieg durch die Alliierten erfahren hätten.

Wie viel der einzelne wusste, und wie viel man damals wissen konnte, wird man heute, so viele Jahre nach der zwölfjährigen Herrschaft Hitlers, aus erster Hand nicht mehr in Erfahrung bringen. Die Nachgeborenen werden den Zweifel nicht los, von denen, die diese Zeit erlebt haben, nicht alles erfahren zu haben. Diese wiederum erleben es immer wieder, dass sie jenen Nachgeborenen noch nicht einmal im Ansatz erklären können, was Rechtlosigkeit und Willkürherrschaft bedeuten, geschweige denn, wie es zu Krieg und Verbrechen kommen konnte und warum sie selbst wenig oder nichts dagegen unternommen, wo nicht sogar mitgemacht haben. Der Dialog zwischen den Generationen ist vermutlich gescheitert, und es bleibt nun der Geschichtsschreibung überlassen, Licht in dieses in jeglicher Hinsicht Dunkle zu bringen und zu erforschen, in welchem Ausmaß die ungeheuerlichen nationalsozialistischen Verbrechen bekannt und den Menschen in Deutschland bewusst waren und inwieweit sie als Mitwisser auch Mittäter waren.

Mit diesem Ziel wurden in den vergangenen Jahrzehnten die Archive der Zeitungen und Rundfunkanstalten nicht nur Deutschlands, sondern auch der Westalliierten, durchgearbeitet; unzählige private Korrespondenzen und Tagebücher wurden gesichtet sowie die Deutschlandberichte der Sopade (des zunächst nach Prag, dann nach Paris, ausgewichenen Vorstands der Exil-SPD), aber auch die der alliierten Geheimdienste. Außerdem bilden die zahlreichen Stimmungs- und Lageberichte, die von Spitzeln und Mitarbeitern der Gestapo und des Sicherheitsdienstes, aber auch von anderen Organen des Regimes, in allen Teilen Deutschlands teilweise wöchentlich angefertigt wurden, wertvolle Quellen, wenn man sie kritisch zu lesen weiß. Vor allem diese Berichte zeichnen ein sehr genaues Bild von dem, was in der Bevölkerung bekannt war, aber auch von den Reaktionen, die mitnichten nur zustimmend waren. Wir wissen heute, dass – mit Ausnahme von Kindern und Jugendlichen, die ja das vorrangige Ziel (und Opfer) der nationalsozialistischen Propaganda waren – kaum einem Deutschen die nationalsozialistischen Verbrechen verborgen geblieben sein können. Es war bekannt, dass echte und vermeintliche Widersacher des Regimes willkürlich verhaftet und bestraft wurden oder einfach verschwanden, dass Behinderte ermordet wurden, dass deutsche Juden zunächst beraubt, dann deportiert wurden und dass in den besetzten Gebieten im Osten unzählige Zivilisten, vor allem aber Juden, massenweise exekutiert wurden. Gerüchte kursierten außerdem über den Einsatz von Gas bei der Ermordung von Juden.

Historisch lässt sich aber auch noch anderweitig festmachen, was einzelne Personen zu welchem Zeitpunkt von den Verbrechen gewusst und was sie davon gehalten haben, sofern sie nämlich für sich die Entscheidung trafen, Widerstand gegen Hitler zu leisten, und diesen Entschluss auch umsetzten. Widerstand gegen die verbrecherische Gewaltherrschaft, der über stille Ablehnung und gelegentlichen Protest hinausging, gab es vom ersten Tag der Machtergreifung Hitlers an in vielfältiger Form. Untersucht man die verschiedenen Ansätze der Auflehnung gegen den Diktator, so zeigt sich, was manche Menschen in der extremen Situation der Diktatur zu deren Beendigung unternahmen, in anderen Worten, was möglich, wenn auch lebensgefährlich war, aber es zeigt eben auch, was andere unterließen. Das dokumentierte Wissen über den Widerstand ist sehr umfangreich. Man weiß weitgehend, wer die Menschen waren, die in Deutschland gegen Hitler gekämpft haben, was sie für Menschen waren, aus welchen Teilen der Gesellschaft sie kamen und was die Bedingungen der Möglichkeit zum Widerstand waren. Und es ist bekannt, welch unterschiedliche Gründe und Motive diese so verschiedenen Menschen zum Widerstand bewegten und zu welchem Zeitpunkt der zwölfjährigen Gewaltherrschaft sie den Entschluss fassten, sich aufzulehnen. Wenn man die Opposition gegen Hitler betrachtet und sich die Biographien der Menschen anschaut, die diese verkörperten, so ahnt man, dass die Beteiligung am Widerstand oft auch einem Zufall zu schulden war, dass es tatsächlich gar nicht jedem gegeben oder überhaupt möglich war, sich gegen das Regime aufzulehnen, und dass eine aufrechte Gesinnung und Mut nicht immer ausreichten.

Im Folgenden wurde der Versuch unternommen, diese vielfältigen Wege in den Widerstand zu skizzieren und vorzustellen. Dieser Überblick greift auf viele Berichte und wertvolle historische Arbeiten zurück. Er wurde als Einführung oder erste Hinführung konzipiert, weswegen auf Fussnoten sowie auf einen wissenschaftlichen Apparat verzichtet wurde. Die interessierten Leser mögen nach der Lektüre entscheiden, welche Aspekte sie eventuell vertiefen möchten. Im Anhang befindet sich deshalb eine Auswahl von Büchern, die einerseits die Grundlage für den vorliegenden Text darstellen und andererseits ein weiterführendes und vertiefendes Studium einzelner Themenbereiche ermöglichen. Hier sei nur stellvertretend auf das von Helmut Gollwitzer, Käthe Kuhn und Reinhold Schneider herausgegebene Buch *Du hast mich heimgesucht bei Nacht. Abschiedsbriefe und Aufzeichnungen des Widerstandes 1933–1945* verwiesen, dem die meisten wörtlichen Zitate entnommen sind.

Was waren das nun für vielfältige Bewegungen, Bestrebungen, Vereinigungen und Unternehmungen, die man unter dem Begriff »Widerstand gegen den Nationalsozialismus« zusammenfassen kann?

GRUPPIERUNGEN DES WIDERSTANDES

Der Begriff »Widerstand« selbst wurde in der Zeit der NS-Herrschaft gar nicht verwendet, sondern erst nach 1945 gebräuchlich. Er wurde vom französischen Begriff der »Résistance« hergeleitet, der sich auch nicht eindeutig, aber doch sehr viel leichter umreißen lässt. »Widerstand gegen den Nationalsozialismus« ist zunächst ein sehr weiter Begriff, und nirgendwo ist verbindlich definiert, was dazu gerechnet werden darf oder muss, und was nicht. Das weiteste Verständnis von Widerstand hatten sicher die Nazis selbst, nach dem Grundsatz »wer nicht für uns ist, ist gegen uns«. Insofern waren die 56% der Deutschen, die in der Reichstagswahl vom 5. März 1933 nicht die NSDAP wählten, gegen Hitler. Spätere Zahlen liegen nicht mehr vor. (Die Wahl im November 1933, bei der die NSDAP 92% erhielt, wurde schon nicht mehr unter demokratischen Bedingungen abgehalten beziehungsweise bot gar keine Alternative zur NSDAP mehr.) Aber ungeachtet dessen, dass man sie nicht genau beziffern kann, so steht doch außer Zweifel, *dass* es die Menschen gegeben hat, die von Anfang bis Ende eher gegen als für Hitler eingestellt waren, auch wenn sie dies vielleicht nie geäußert haben und ihre einzige Opposition darin bestanden haben mag, nicht in die Partei einzutreten.

In einem nicht mehr ganz so pauschalen und doch immer noch sehr weiten Sinn war Widerstand alles, was eine ablehnende Haltung irgendwie zum Ausdruck brachte, mithin alles, was in Worten, Gesten, Taten oder Unterlassungen in irgendeiner Weise den Vorschriften oder dem »Geiste« des Regimes und der nationalsozialistischen Ideologie »widerstand«. Die einen gaben dem Ausdruck durch das Erzählen von Witzen über Hitler oder andere Parteigrößen – den sogenannten »Flüsterwitz« – oder aber durch die Weigerung, mit »Heil Hitler« zu grüßen oder den vorgeschriebenen Dienst in der Hitlerjugend zu leisten. Andere stellten ihre Haltung dar, indem sie bewusst jüdische Geschäfte besuchten oder auch weiterhin Kontakt zu Juden oder anderen Verfolgten und Feinden der Partei unterhielten, sie mit Nahrungsmitteln unterstützten oder durch Worte und Gesten einfach ihre Sympathie ausdrückten, was ab 1941 immerhin Gefängnisstrafen nach sich ziehen konnte. Ernster und gefährlicher war schon, eine abweichende politische Meinung oder eine negative Einschätzung des Krieges deutlich in der Öffentlichkeit zu äußern, den britischen Sender BBC zu hören oder auch nur über ein Deutschland nach Hitler zu sprechen. Unmittelbar mit harten Maßnahmen, Konzentrationslager oder Tod hatte zu rechnen, wer Juden oder andere Verfolgte versteckte, Befehle nicht befolgte oder den Kriegsdienst verweigerte.

Sehr viele Menschen kamen wegen »Vergehen« dieser Art in Konflikt mit dem Regime, zum Teil sogar ins Gefängnis oder Konzentrationslager, Tausende ließen ihr Leben. Zweifelsohne waren das mutige Menschen, die in diesem Sinne dem Nationalsozialismus widerstanden, und sei es nur punktuell. Hätten alle Menschen so viel Mut aufgebracht, hätte das Regime vielleicht nie seine volle unterdrückerische und verbrecherische Macht entwickeln können. Aber angesichts der damaligen Situation konnte man nicht hoffen, durch solche Einzelaktionen etwas zu verändern oder gar das Regime zu stürzen, musste aber gleichwohl mit härtester Bestrafung rechnen. Solches Handeln mag Ausdruck einer aufrechten Gesinnung gewesen sein, es richtete sich aber nicht gegen das Regime als Ganzes, sondern lediglich gegen einzelne seiner Aspekte.

Manche Historiker sprechen diesbezüglich von »Dissens« oder von »Unwillen«, sich den vorgeschriebenen Verhaltensweisen unterzuordnen, und von »Protest«, wo diese Anpassungsunwilligkeit offen und furchtlos zum Ausdruck gebracht wurde. Das können nur Annäherungen sein, denn letztlich lässt sich keine klare Linie ziehen, wo Dissens beziehungsweise Unwillen in Protest übergeht und wo Protest zu Widerstand wird. Zum Beispiel gab es allein in Berlin über siebenhundert Menschen, die insgesamt mehr als tausendzweihundert Juden während des gesamten Krieges versteckten und ernährten. Diese Menschen verkörperten nicht nur eine andere Gesinnung, sondern behinderten den Staatsapparat tatkräftig in der Umsetzung seiner verbrecherischen

Gesetze, und sei es auch nur in einem einzigen, konkreten Fall. Ist das noch Dissens oder schon Widerstand? Manche dieser Menschen taten dies für Geld. Wie sind sie zu bewerten und war das Geld ausschlaggebend?

Dennoch, um das Thema einzugrenzen und ohne solchen Dissens oder Protest abzuwerten, soll im Folgenden vom Widerstand im engeren Sinne die Rede sein, von Unternehmungen und Aktionen, die sich gegen das Regime in seiner ganzen Existenz richteten. Dazu zählen die wenigen Einzelpersonen, aber vor allem die verschiedenen Gruppen oder Organisationen, die ausdrücklich das Ziel hatten, das Regime zu stürzen, Hitler der Macht zu entheben oder zu töten, und auch jene, die Pläne für einen Neuanfang nach dem erwarteten Sturz des NS-Regimes entwarfen. Alle diese Menschen arbeiteten im Verborgenen, teilweise im Untergrund, und in ständiger Lebensgefahr.

Auch wenn die nationalsozialistischen Machtstrukturen bis zum Ende des Krieges intakt blieben und erst von den Alliierten beseitigt werden konnten, gab es mehr Widerstand gegen Hitler auch in diesem engeren Sinn als vielen Menschen heute bekannt ist. Es gab ihn in allen Bereichen der Bevölkerung und zu jedem Zeitpunkt der kurzen nationalsozialistischen Herrschaft. Manche dieser Gruppen waren sich ähnlich, andere waren in ihren Ansichten und Methoden unvereinbar. Motivation, Pläne und Zukunftsvisionen der einzelnen Gruppierungen unterschieden sich je nach ihrem gesellschaftlichen Hintergrund. So war es bestimmten Bevölkerungsgruppen früher möglich als anderen, an

Information über die Nazis und ihre Verbrechen zu gelangen. Manche gesellschaftlichen Bereiche begünstigten ein Zustandekommen von Widerstand mehr als andere. So sehr sie sich auch unterschieden, einig waren sie sich darin, dass Hitlers Schreckensherrschaft durch eine gerechtere, menschlichere Regierung ersetzt werden müsse.

Es ist zwar erstaunlich, wie viele Dokumente aus dem Widerstand den Krieg überdauert haben, insgesamt aber muss man davon ausgehen, dass damit nur ein geringer Teil der gesamten Aktivitäten belegt wird, da die Widerständler selbst so wenig wie möglich aufschrieben und zudem viele Dokumente vor der Verhaftung zerstört wurden. Die meisten Quellen zum Widerstand stammen deshalb aus den Akten der Gestapo und den Protokollen der Gerichtsverfahren. Nur wenige aktive Mitglieder des Widerstandes, mithin Zeitzeugen, überlebten die Verfolgung der Nazis und den Krieg und konnten das Bild vervollständigen. Bekannt wurden hauptsächlich die Gruppen, die entdeckt wurden. Es wusste jedoch nur ein geringer Teil der Mitglieder solcher Gruppen um all ihre Aktivitäten. Um niemanden zu gefährden, wurde auch bewusst vermieden, dass alle Mitglieder einander mit Namen kannten. Ihren Familien erzählten die wenigsten Genaueres, um sie keiner Gefahr auszusetzen. Wir dürfen vor diesem Hintergrund davon ausgehen, dass es mehr Widerstand gab, als historisch bekannt geworden ist.

Die hier aufgeführten Namen und Gruppen des Widerstandes gegen Hitler erheben keinen Anspruch auf Vollständigkeit. Aber, so lückenhaft die Darstellung sein mag, diese Gruppierungen sind immer auch repräsentativ für andere Formen des Widerstandes aus demselben Milieu oder aus ähnlichen Motiven heraus. Die Unterteilung in Gruppen ist natürlich ebenfalls eine nachträgliche. In vielen Fällen war der Übergang fließend, viele Gruppen standen in Kontakt zueinander und viele Namen tauchen an mehreren Stellen auf.

Die Einzeltäter Bavaud und Elser

Man weiß heute von insgesamt zweiundvierzig Anläufen, Hitler zu töten. Einige davon fielen aber bereits in die zwanziger und frühen dreißiger Jahre und entsprangen internen Machtkämpfe innerhalb der rechten Szene oder der NSDAP, weswegen sie dem Kapitel des Widerstandes nicht zugerechnet werden können. Die beiden ersten bekannten Attentate, die vom Widerstand gegen Hitler und seiner, zumindest in Teilen, bereits als verbrecherisch erkennbaren Politik motiviert waren, wurden losgelöst von allen politischen Gruppen von Einzeltätern vorbereitet.

Der aus Neuenburg in der Schweiz stammende Theologiestudent Maurice Bavaud wartete mit einer Pistole in der Tasche am 9. November 1938 in München auf Hitler während des alljährlichen Marsches der Parteigrößen zur Feldherrenhalle. Er hatte zwar einen Platz auf der Ehrentribüne, kam aber nicht zum Schuss, weil die vor ihm stehenden Menschen begeistert die Arme zum Hitlergruß hoben. Allerdings wäre die Entfernung für einen Pistolenschuss vermutlich ohnehin zu groß gewesen. Bavaud wurde kurz darauf nur zufällig gefasst und gestand unter Folter. Er wurde 1941 in Plötzensee hingerichtet. Über Bavaud und die Hintergründe seines Versuches ist wenig bekannt. In Deutschland hatte er keine Verbindungen, und die Schweiz hatte vor und während des Krieges guten Grund, sich von dem Anschlag und seinem Urheber zu distanzieren.

Deutlich mehr Aussichten auf Erfolg als Bavaud hatte der Tischler Johann Georg Elser bei seinem Attentatsversuch. Der aus Schwaben stammende Elser war Kommunist, in den zwanziger Jahren Mitglied des Rotfrontbundes gewesen und zugleich gläubiger und praktizierender Christ. Seinen Entschluss, Hitler zu töten, fällte er, als ihm nach dem Münchner Abkommen klar wurde, dass ein Krieg bevorstand. Da er vollständig alleine arbeitete und keinen Zugang zu Sprengstoff hatte, nahm er zunächst eine Arbeit in einem Steinbruch an, wo er über Monate hinweg den nötigen Sprengstoff in kleinen Mengen entwendete. Im Herbst 1939 ließ er sich über einen Monat lang jede Nacht heimlich im Bürgerbräukeller in München einschließen, wo er in eine Säule einen Sprengsatz einbaute. Hier sprach Hitler jedes Jahr am 8. November, dem Vorabend des Gedenktages des Putsches von 1923, vor Parteimitgliedern. Wegen schlechten Wetters sprach er im Jahr 1939 ganz entgegen seinen Gewohnheiten nur dreizehn Minuten und verließ dann den Keller, um statt mit dem Flugzeug rechtzeitig mit dem Zug nach Berlin zurückzukehren. Er war nicht mehr im Saal, als die Zeitbombe um 21.20 Uhr explodierte und acht Menschen ums Leben kamen, darunter jedoch keiner der hohen Würdenträger der Partei.

Ob Hitler getötet worden wäre, hätte er zum Zeitpunkt der Explosion noch am Rednerpult gestanden, kann nicht als sicher angenommen werden. Dennoch nimmt Johann Georg Elser unter den vielen Attentätern eine besondere Stellung ein, insofern er den Anschlag ohne jede Unterstützung gänzlich allein geplant, monatelang vorbereitet und unter schwierigsten Umständen durchgeführt hat, und dies zu einem sehr frühen Zeitpunkt, als Hitler noch als unbesiegbar galt, und weite Teile Deutschlands und der Wehrmacht im Bann seiner Erfolge standen. Elser wurde wie Bavaud nur zufällig gefasst und erst kurz vor Kriegsende in Dachau umgebracht.

Der kommunistische Widerstand

Kommunisten und kommunistische Gewerkschaftler, sowie auch Sozialisten, waren bereits in den unruhigen Jahren der frühen Weimarer Republik und bis zur Machtübernahme im Jahre 1933 erklärte Gegner der Nationalsozialisten gewesen und waren somit auch die ersten Opfer nationalsozialistischer Verfolgung und Grausamkeiten. Nach dem Reichtagsbrand wurden dreitausend Kommunisten verhaftet, die Partei erhielt trotzdem in der Wahl vom 5. März 1933 noch 12,3%.

Hitler ließ die gewählten kommunistischen Abgeordneten aber sofort verhaften und in Konzentrationslager bringen oder entführen und heimlich ermorden. Die KPD war damit faktisch aufgelöst, und ihre Mitglieder arbeiteten von da an im Untergrund beziehungsweise vom Ausland aus.

Die Kommunisten blieben lange dem ideologischen Irrglauben verhaftet, Hitler stelle nur die Endphase des Kapitalismus dar, eine notwendige Vorstufe sozusagen, und Hitlers Herrschaft werde zu einer großen und abschließenden Revolution führen, die es abzuwarten gelte. Deshalb beschränkten sie sich in ihrem Widerstand zunächst darauf, den eigenen Parteistrukturen das Überleben zu sichern. Dennoch war die kommunistische Untergrundarbeit sehr breit und sehr vielfältig. Kleinere Gruppen, Vereine und Organisationen, die von den Nazis sofort nach der Machtergreifung verboten worden waren, arbeiteten danach im Verborgenen weiter, wie die ab 1921 unter dem Namen »Rote Hilfe« agierende Organisation, die sich um politisch Verfolgte und Inhaftierte der Linken kümmerte. Ein ursprünglich von Kommunisten gebildeter Kletterverein, die Vereinigte Kletterabteilung, die auch als »Rote Kletterer« bekannt wurde, wandte sich bald ausschließlich der politischen Widerstandsarbeit zu.

Die verschiedenen kommunistischen Gruppen waren allerdings anfänglich auch relativ anfällig, weil ihre Führer den Nazis häufig bekannt waren und weil sie leichter als andere mit Spitzeln infiltriert werden konnten, nachdem etliche Arbeiter sich einmal dem Nationalsozialismus angeschlossen hatten. Es gelang den Nazis aber nie, diesen oppositionellen Geist zu unterdrücken; im Gegenteil: Neue kommunistische Gruppen entstanden und der Widerstand erstarkte in den letzten Jahren des Krieges sogar noch einmal. Viele Kommunisten, die zu Beginn des Krieges aus Gefängnissen und Konzentrationslagern freikamen, machten sich unverzüglich und voller Mut daran, die organisierte Auflehnung gegen die Schreckensherrschaft wieder zu beleben. Besonders in den stark industrialisierten Gebieten mit einer traditionell starken Arbeiterschaft waren diese Gruppierungen erfolgreich. Solche Zusammenschlüsse, die dem Regime dauerhaft und in großem Umfang aktiven Widerstand leisteten, waren unter anderem die Bästlein-Organisation in Hamburg, die Gruppen um Anton Saefkow in Berlin und um Wilhelm Knöchel im Ruhrgebiet, um nur einige Beispiele zu nennen. Bis Kriegsende wurden Flugblätter gedruckt und verteilt, Kurierdienste verrichtet, Angehörige von Inhaftierten unterstützt, Sabotage verübt, Kontakt zur Sowjetunion gehalten und anderes mehr. Viele dieser Menschen, unter anderen Saefkow und Bästlein, waren teils sogar mehrmals im Gefängnis oder Konzentrationslager gewesen und hatten dort Schreckliches erlebt, machten aber, nachdem sie freikamen, unverzagt weiter. Wilhelm Knöchel kehrte heimlich aus Holland wieder nach Deutschland zurück, um gegen Hitler zu kämpfen. Ihm wurde später vorgeworfen, er sei nach seiner Verhaftung zum Verräter an den Genossen in seiner Organisation geworden. Dies konnte jedoch widerlegt werden, so wie von den wenigsten Kommunisten bekannt ist, dass sie – und sei es unter Folter – die Identität von Kameraden preisgegeben hätten. In den Kommunisten kann man, zumindest wenn man sich ihre unbedingte Einsatzbereitschaft und die hohe Zahl von Opfern vor Augen führt, diejenige Gruppierung in Deutschland sehen, die dem Nationalsozialismus den längsten und stärksten Widerstand entgegenbrachte.

Gleichzeitig kann natürlich nicht unbeachtet bleiben, dass die Kommunisten sich weitgehend kritiklos in den Dienst des Stalinismus stellten, mithin eines anderen totalitären und ähnlich mörderischen Systems. Auch im Kampf gegen den Nationalsozialismus wurde stets auf strenge Linientreue geachtet und Abweichler wurden liquidiert. Inhaftierte Kommunisten brachten sogar in den letzten Tagen des Krieges in einigen Konzentrationslagern kurz vor der Ankunft der Alliierten noch politische Gegner aus dem linken Spektrum um. Wegen dieser Haltung grenzte sich der kommunistische Widerstand daher weitgehend von anderen Widerstandsgruppen, auch von denen aus der sozialistischen Arbeiterbewegung, ab. Nur wenige Kommunisten, wie Anton Saefkow, der von dem Sozialdemokraten Adolf Reichwein mit den Verschwörern des 20. Juli in Verbindung gebracht wurde, versuchten, dieses Prinzip zu durchbrechen.

Erst heute, mit diesen Zeilen, habe ich wegen der Gedanken an Euch die ersten nassen Augen nach dem Urteil. Denn das Weh, das mich zerreißen könnte, hält der

Verstand zurück. Du weißt, ich bin ein kämpferischer Mensch und werde tapfer sterben. Ich wollte immer nur das Gute [...].

Anton Saefkow an seine Frau,
in seinem letzten Brief aus dem Gefängnis

Widerstand aus SPD und freien Gewerkschaften

Ähnlich wie die Kommunisten waren auch die Sozialdemokraten und die Mitglieder anderer linker Parteien sowie der Gewerkschaften, der katholischen Arbeiterbewegung (KAB) und anderer katholischer Arbeitervereine schon vor der Machtergreifung im Visier der Nazis. Viele ihre Anhänger waren dann auch von Anfang an unbeirrte und entschlossene Widerstandskämpfer gegen Hitler. Im Unterschied zu den Kommunisten war ihr Ziel aber die Wiederherstellung der parlamentarischen Demokratie, und sie schlossen lange, vielleicht zu lange Zeit Gewaltaktionen aus, obwohl der der SPD nahe stehende Veteranenverband Reichsbanner Schwarz-Rot-Gold über drei Millionen Mitglieder zählte, wovon rund zweihundertfünfzigtausend wehrtechnisch mehr oder weniger ausgebildet waren, und zudem über ein erhebliches Waffenarsenal verfügte.

Allerdings waren SPD und freie Gewerkschaften in den Jahren vor 1933 schon schwächer geworden und hatten viele Austritte zu verzeichnen gehabt, da es ihnen angesichts der erdrückenden Arbeitslosigkeit nicht gelang, ihre alten Anhänger zu halten. Besonders die Gewerkschaften waren dadurch wie gelähmt und sahen ihre oberste Aufgabe lange Zeit darin, alle arbeitspolitischen Maßnahmen, selbst die der Nazis, zu unterstützen. Man darf die sozialistische Komponente im Namen und in der Politik der NSDAP nicht unterschätzen, wovon viele enttäuschte SPD-Wähler sich angezogen fühlten. Dass das Geld für etliche der sozialen Maßnahmen später aus beschlagnahmtem jüdischen Vermögen stammte und die Arbeitsbeschaffungsmaßnahmen, mittels derer sechs Millionen Arbeitslose von der Straße geholt wurden, einen Krieg vorbereiteten, steht auf einem anderen Blatt.

Nachdem die SPD als einzige Partei gegen das Ermächtigungsgesetz gestimmt hatte, war sie erst recht Ziel von Hitlers Willkür und wurde im Juni 1933 schließlich verboten. Ihre Mitglieder verlegten ihre Aktivitäten danach in den Untergrund und ins Ausland. Viele von ihnen kamen bereits in den ersten Jahren der NS-Herrschaft in Konzentrationslager, wie zum Beispiel Julius Leber und Carlo Mierendorff, arbeiteten aber auch nach ihrer Freilassung weiter im Widerstand. Die sozialdemokratische und gewerkschaftliche Opposition hatte bereits frühzeitig Kontakt zu Gruppen anderer bürgerlicher Parteien, besonders zum Kreisauer Kreis, und schließlich auch zum militärischen Widerstand. Verbindungsmänner waren zum Beispiel die Sozialdemokraten Adolf Reichwein und Julius Leber und der

Gewerkschaftler Wilhelm Leuschner, die alle nach dem 20. Juli hingerichtet wurden, sowie Carlo Mierendorff, der 1943 bei einem Bombenangriff ums Leben kam.

> Für eine so gute und gerechte Sache ist der Einsatz des eigenen Lebens der angemessene Preis. Wir haben getan, was in unserer Macht gestanden hat. Es ist nicht unser Verschulden, dass alles so und nicht anders ausgegangen ist.
>
> *Julius Leber an seine Freunde, kurz vor seiner Hinrichtung*

Die Rote Kapelle

Den Namen »Rote Kapelle« gab die Gestapo der Gruppe, die sie laut Protokollen als die gefährlichste aller linken Organisationen einstufte. Die zentralen Persönlichkeiten waren Harro Schulze-Boysen, Oberleutnant in der Nachrichtenabteilung des Luftwaffenministeriums, und seine junge Frau Libertas Haas-Heye, daneben Arvid Harnack, hoher Beamter im Wirtschaftsministerium, und seine Frau, die Amerikanerin Mildred Fish, sowie Rudolf v. Scheliha, Diplomat in der Informationsabteilung des Auswärtigen Amtes. Die Gruppe nahm ihren Kampf bereits Mitte der dreißiger Jahre auf und arbeitete in Berlin, aber auch in anderen Städten und im besetzten Ausland. Über Scheliha war sie von der sogenannten »Endlösung«, mithin dem Massenmord an den europäischen Juden, informiert. Die Rote

Kapelle verteilte Flugblätter, veröffentlichte die illegale Kampfschrift *Die innere Front*, fälschte Papiere, verhalf Juden und politischen Flüchtlingen zur Flucht aus Deutschland und unterhielt Kontakte ins Ausland, besonders zum sowjetischen KGB, dem sie Informationen über Agenten, Waffen, Aufmärsche u. Ä. übermittelte. Die Gruppe hielt eine Niederlage für die einzig mögliche Voraussetzung für einen Neuanfang und arbeitete darauf hin.

Die Rote Kapelle, die außerdem in Kontakt zum Kreisauer Kreis und der Gruppe um Tresckow stand, wurde 1942 verraten und flog auf. Einhundertdreißig Mitglieder wurden verhaftet, wovon zweiundsechzig zum Tode verurteilt wurden. Die Mehrzahl waren Beamte, Staatsangestellte, Soldaten, Akademiker und Studenten mit linker oder linksliberaler Gesinnung. Nur etwa 13% waren kommunistische Arbeiter und Handwerker und entstammten somit dem den Nazis bekannten kommunistischen Milieu. Dies und die Tatsache, dass sie jahrelang praktisch unmittelbar unter den Augen der Obrigkeit gearbeitet hatten und teils aus dem Bürgertum und dem Adel stammten, denen Hitler bis dato weitgehend vertraut hatte, war der Grund für die Gestapo, sie als so gefährlich einzustufen.

Als man 1951 dem NS-Richter Manfred Roeder den Prozess machte, der für einen großen Teil der Todesurteile gegen Mitglieder der Roten Kapelle verantwortlich war, baute dieser seine Verteidigung auf der Argumentation auf, es habe sich um Spione gehandelt, und wurde freigesprochen. Dieses Bild bestimmte auf

Jahre hinaus die Einschätzung der Roten Kapelle, und entsprechend wurde ihre Widerstandsarbeit nicht gewürdigt. Scheliha warf man sogar vor, er habe vom KGB Geld für die Weitergabe von Informationen erhalten, was erst spät widerlegt werden konnte. Überlebende Mitglieder standen nach dem Krieg sogar unter Beobachtung der westdeutschen und amerikanischen Geheimdienste, da man vermutete, sie stünden noch immer im Dienste der Sowjetunion. Erst in den späten achtziger Jahren begann sich diese Bild zu wandeln.

> Ich bleibe jung in Eurem Gedächtnis. Ich brauche nicht zu leiden. Ich darf sterben wie Christus starb: für die Menschen [...] da niemand vor der Erfüllung seiner Aufgabe stirbt, so konnte ich aus dem Zwiespalt meiner Natur heraus, eben nur durch dieses Sterben zur großen Leistung kommen [...] Ich liebe die Welt, ich habe keinen Hass, ich habe den ewigen Frühling.

Libertas Haas-Heye am Tage ihrer Hinrichtung,
in ihrem letzten Brief an ihre Mutter

Jüdischer Widerstand

Über jüdischen Widerstand zu sprechen ist begreiflicherweise nicht unproblematisch, weil man sich bis zu einem gewissen Punkt die Sichtweise der Nationalsozialisten zu eigen macht, die streng zwischen »Deutschen« und »Juden« unterschied. Tatsächlich aber gab es eine strenge Trennung in dieser Form nicht. 1933 lebten die etwa fünfhundertfünfzigtausend deutschen Juden so wie die meisten nicht jüdischen Deutschen auch und unterschieden sich nur wenig von ihnen. Viele waren längst nicht mehr religiös praktizierend und zugehörig zu einer Religionsgemeinschaft. Aber auch die meisten derer, die regelmäßig in den Synagogen zusammen kamen, verstanden sich zwar als Juden, aber ebenso sehr als Deutsche. Im Wilhelminischen Kaiserreich waren sie von offizieller Seite nicht mehr wesentlich stärker diskriminiert gewesen als zum Beispiel auch Katholiken, im Ersten Weltkrieg hatten sie wie jeder andere Deutsche gefochten und in der Weimarer Republik hatten Juden erstmals höhere politische Ämter bekleidet. Im täglichen Leben kam es zwar immer wieder zu antisemitischen Zwischenfällen, aber die meisten Juden glaubten ihre Sache auf einem guten Wege.

Die deutschen Juden stellten insgesamt eine höchst heterogene Gruppe dar; sie lebten über das ganze Land verstreut, hatten verschiedene Berufe, unterschiedliche politische Ansichten, waren arm oder reich etc. Liberale politische Ansichten waren stärker verbreitet als konservative oder sozialdemokratische, manche Juden waren aktive Kommunisten, aber andere gehörten dem Verband Nationaldeutscher Juden oder dem Reichsbund jüdischer Frontsoldaten an, wieder andere zählten sich zu den Zionisten.

Wie die meisten nicht jüdischen Deutschen wurden auch die Juden von der Radikalität, mit der Hitler die Macht übernahm, weitgehend überrascht und waren mitnichten darauf vorbereitet, schon gar nicht auf einen bewaffneten Kampf gegen ihre Verfolger, die sich, im übrigen, in den ersten Jahren als solche so offenkundig auch noch gar nicht darstellten. Die Boykottaufrufe gegen jüdische Geschäftsleute glaubte man noch aussitzen zu können, zumal sie auch bei den meisten Deutschen keinen großen Widerhall fanden. Die Verkündung der Rassengesetze 1935 ließ ahnen, worauf das Regime abzielte. In der Folge kam es zu den Attentaten des jüdischen Medizinstudenten David Frankfurter auf Wilhelm Gustloff[1] 1936 in Davos und des Zionisten Herschel Grynszpan auf den Diplomaten Ernst von Rath[2] 1938 in Paris, welches die Nazis als Rechtfertigung für die Pogrome der sogenannten »Reichskristallnacht« nutzten.

Dies waren Einzeltaten; die meisten Juden aber, die sich in diesem Zeitraum zu aktivem Widerstand entschlossen, taten dies zusammen mit gleich gesinnten nicht jüdischen Deutschen im Rahmen bestehender politischer oder gesellschaftlicher Gruppen, wie

---

1. Wilhelm Gustloff, ein deutscher Nationalsozialist, lebte wegen eines Lungenleidens in Davos und leitete von dort aus den schweizerischen Ableger der NSDAP. Nach seinem Tod durch das Attentat David Frankfurters wurde er von den Nazis zum Märtyrer stilisiert, zum »Blutzeugen der Bewegung«. Nach ihm wurde später ein Kreuzfahrtschiff benannt, das im Januar 1945 mit circa zehntausendfünfhundert Flüchtlingen an Bord in der Ostsee versenkt wurde.

2. Ernst von Rath war ein Diplomat an der Botschaft von Paris, der dem Nationalsozialismus nahe stand. Er wurde eher zufällig Opfer des Attentats Herschel Grynszpans.

zum Beispiel den Kommunisten, den Gewerkschaften oder den Anarchisten. Ihre Rolle dort unterschied sich erst nach und nach, nämlich in dem Maße, wie sie entrechtet und verfolgt wurden. Ein nicht jüdischer Deutscher konnte hoffen, ohne aufzufallen den Krieg und das NS-Regime zu überleben, für einen Juden stellte sich diese Möglichkeit im Laufe der Jahre immer weniger und bestand ab 1942 gar nicht mehr. Zunächst aber hatten auch die meisten Juden ihre Berufe, ihre Häuser, ihren Besitz und ihre Familien und hofften zu überleben, indem sie sich möglichst nicht mit den Machthabern anlegten. Ein Großteil der Juden, die in irgendeiner Weise widerständig aktiv wurden, waren deshalb junge Menschen ohne solche Bindungen, und sie sahen sich zunächst in erster Linie beispielsweise als Kommunisten und nicht als Juden. 95% des Widerstandes deutscher Juden spielte sich im Rahmen der Arbeiterbewegung ab, obwohl man sagen muss, dass auch die Kommunisten nicht frei von antisemitischen Vorbehalten waren und heftig gegen den Zionismus polemisierten, und dass die Juden als Juden dort auch keine wirkliche politische Heimat hatten. Nicht nur die Nazis, sondern auch die Kommunisten identifizierten Juden mit dem verhassten Kapital.

Nach und nach kristallisierte sich der Unterschied heraus, da die Juden von außen immer stärker auf ihr eigenes Schicksal zurückgedrängt wurden. War am Anfang noch die Besorgnis um die Zukunft Deutschlands oder der Arbeiterbewegung als Motiv ausschlaggebend gewesen, so trat diese nach und nach in den Hintergrund. Die Tatsache, dass für Widerstandsaktionen von Juden oft ganze jüdische Gemeinden mit Vergeltungsmaßnahmen heimgesucht wurden, führte dazu, dass sich die meisten derer vehement gegen solche Vorhaben wandten. Jüdische und zionistische Gruppen organisierten sich nun immer stärker in dem Bestreben, zu helfen, Fluchten zu ermöglichen und schlicht zu überleben, so zum Beispiel die Gruppen um Jizchak Schwersenz und um Werner Scharff in Berlin oder verschiedene Untergruppen der linkszionistischen Jugendorganisation Hechaluz.

Bewaffneter Widerstand war für deutsche Juden schließlich nur von außen möglich, sofern sie überhaupt noch fliehen konnten: in den Résistance- und Partisanenorganisationen in Frankreich sowie im Osten und in den Armeen der Alliierten. Dass es außerhalb von Deutschland umfangreichen und heftigen Widerstand von Juden anderer Nationalitäten gab, in den besetzten Gebieten, in den Ghettos, nicht nur in Warschau, sondern auch in Wilna und Bialystok, und schließlich in den Konzentrationslagern, kann hier nicht zum Thema werden, soll aber doch Erwähnung finden.

Mit jedem Leben, das wir retten, bekämpfen wir Hitler.

Nathan Schwalb, Leiter der Weltzentrale der Hechaluz in Genf

Die Herbert-Baum-Gruppe

Die Gruppe, besser gesagt der Freundeskreis, der sich um Herbert und Marianne Baum und Martin und Sala Kochmann bildete, bestand fast ausschließlich aus jungen Juden, die alle mehr oder weniger stark kommunistischen Ideen anhingen. Der 1912 geborene Baum selbst, wie auch sein gleichaltriger Freund Martin Kochmann, war bereits als Jugendlicher in verschiedenen kommunistischen Gruppen aktiv gewesen und wurde unmittelbar nach der Machtergreifung der Nazis konspirativ tätig. Die Freunde arbeiteten zunächst streng organisiert im kommunistischen Widerstand und waren auch in den Kriegsjahren noch in Kontakt mit der Gruppe um Robert Uhrig, distanzierten sich aber in dem Maße, wie sie als Juden zunehmend bedroht und somit in eine Sonderrolle gedrängt wurden. Zum Schluss war der Kontakt nur noch sporadisch, und Herbert Baum hielt sich kaum mehr an Anweisungen der kommunistischen Organisationen.

Etliche der Mitglieder der Gruppe, wie zum Beispiel Heinz Rotholz, Gerd Meyer und Edith Fraenkel, waren in Berlin zur Zwangsarbeit bei Siemens verpflichtet, in der sogenannnten »Judenabteilung 133«. Gleichwohl unter harten Bedingungen, hielten sie die politische Arbeit dort aufrecht. Obwohl sie als Juden viel länger und ohne Pausen arbeiten mussten und zudem auf dem Weg zur Arbeit noch nicht einmal die Straßenbahn nehmen durften, trafen sie sich auch abends oft noch zu Diskussionen, entwarfen Flugblätter und druckten und verteilten diese in nicht unerheblichem Umfang.

Im Mai 1942 wurde im Berliner Lustgarten die Ausstellung »Das Sowjetparadies« eröffnet, in der dem kriegsmüden deutschen Volk – im Wortlaut des Ausstellungskatalogs – »Armut, Elend, Verkommenheit, Hunger und Not« in der Sowjetunion und die Überlegenheit des Nationalsozialismus vorgeführt werden sollten. Die Herbert-Baum-Gruppe entschloss sich wohl kurzfristig, dort einen Brandanschlag zu verüben, der zwar nur wenig Schaden verursachte, aber großes Aufsehen erregte. Bereits wenige Tage später wurden Baum, Kochmann und viele ihrer Freunde verhaftet. Aus der Tatsache, dass sie so schnell gefasst wurden, muss man schließen, dass die Gruppe aus kommunistischen oder jüdischen Kreisen verraten worden war. Herbert Baum starb in der Haft an den Folgen der Folter, die anderen wurden zu Tod oder KZ-Haft verurteilt. Niemand aus dem engeren Kreis hat den Krieg überlebt.

Obwohl die meisten Mitglieder der Herbert-Baum-Gruppe sich nicht primär als Juden verstanden und ihr Anschlag einer Ausstellung galt, die ihre kommunistischen Ideale verhöhnte, zeigt sich doch, wie weit sie inzwischen vom Widerstand der Kommunisten entfernt waren. Letztere hätten einer solchen im Endeffekt wirkungslosen Aktion nie zugestimmt, Baum und seinen Freunden hingegen ging es in der täglichen Erwartung der Deportation um ein Zeichen; sie konnten schon nicht mehr hoffen, für sich noch etwas zu erreichen.

Wenige Wochen nach dem Anschlag wurden fünfhundert Berliner Juden als Vergeltungsmaßnahme verhaftet und erschossen. Auch wenn nicht ganz eindeutig ist, ob dieses Verbrechen nicht als Vergeltung für das Attentat auf Reinhardt Heydrich in Prag erfolgt ist, zeigt sich daran das Dilemma der Juden, die zum aktiven Widerstand bereit waren. Verschiedene jüdische Funktionäre hatten im Vorfeld noch versucht, Herbert Baum von symbolischen Aktionen abzubringen, um die jüdische Gemeinde Berlins nicht zusätzlicher Drangsal auszusetzen. Noch hofften sie, möglichst nicht aufzufallen und so überleben zu können. Sie wussten selbst im Sommer 1942 noch nicht, dass Hitler den Tod aller Juden bereits unwiderruflich beschlossen hatte.

> Das Schlimmste ist, dass er einem schon fast zur Gewohnheit geworden ist, der Krieg. Wenn man sich etwas anderes vorstellt, so glaubt man eigentlich nur an eine Utopie. Aber einmal muss sich doch das Göttliche im Menschen wieder durchringen. Überall wo man hinsieht, findet man doch anständige Menschen, also ist es doch vorhanden.
>
> *Edith Fraenkel an ihren Mann,*
> *in ihrem letzten Brief aus Theresienstadt*

In vielen Städten Deutschlands und Österreichs, zumeist in Arbeitervierteln, entstanden etwa ab 1938 größere oder kleinere sogenannte »Wilde Jugendgruppen«, die sich dem wachsenden Anpassungsdruck des Nationalsozialismus widersetzten. Die Jungen und Mädchen trafen sich regelmäßig in Kellern, Parks oder ausgebombten Häusern, trugen betont lässige Kleidung, sangen eigene Lieder, machten Ausflüge und protestierten so gegen das Jugendideal der Nationalsozialisten. Aber sie stahlen auch aus Versorgungsdepots, verübten Sabotage, suchten Schlägereien mit der Hitlerjugend und töteten sogar verschiedene HJ-Führer. Sie gaben sich Namen wie »Mob«, »Totenkopfbande«, »Schlurfs«, »Navajos«, »Meute« und ähnliche. Ihre Zahl in ganz Deutschland und Österreich ging wohl in die Tausende.

Die heute bekannteste Gruppe – weil ein Spielfilm von ihr handelt – waren die Kölner Edelweißpiraten. Ihre vorrangige Absicht ist wohl nicht der Widerstand gewesen, aber sie ordneten sich dem System auch nicht unter, kamen so in Konflikt, mussten sich in den Untergrund retten und standen im täglichen Kampf mit dem Regime. Sie stahlen und betrieben Schwarzmarktgeschäfte, aber nahmen auch Juden, Deserteure und geflohene Zwangsarbeiter auf, die sich auf diese Weise retten konnten. Am 10. November 1944 wurden dreizehn Mitglieder einer Gruppe um den entflohenen Häftling Hans Steinbrück von der Gestapo ohne Verfahren in der Venloer Straße in Köln-Ehrenfeld öffentlich aufgehängt. Der jüngste, der gerade sechzehnjährige Edelweißpirat Bartholomäus Schink, wurde später in der Jerusalemer Gedenkstätte Yad Vashem als »Gerechter der Völker« ausgezeichnet. Deutsche Gerichte hingegen erkannten ihm 1957 und in einem 1978 erneut aufgenommen Prozess den Status des politisch Verfolgten nicht zu, sondern sahen in ihm einen einfachen Kriminellen.

Widerstand aus den Kirchen

Während der Nationalsozialismus in den ersten Jahren noch bemüht war, sich der katholischen Kirche als wohlmeinender Partner anzubieten, nahmen ab 1935/36 die offenen Angriffe auf Glaubenstreue, Kirchen und Geistliche zu. Etliche Priester wurden wegen fingierter Devisenvergehen zu Gefängnishaft verurteilt, und manche starben dort nach schlechter Behandlung, wie zum Beispiel der Dominikanerpater Titus Horten. In dem Maße, wie Hitler dazu überging, seine rassenpolitischen Ziele umzusetzen, gewann der Widerspruch in den Kirchen an Lautstärke. So äußerten sich die katholischen Bischöfe Faulhaber, Graf Galen und Graf Preysing öffentlich gegen die Ermordung von Geisteskranken, der zwischen 1939 und 1941 etwa siebzigtausend bis neunzigtausend Menschen zum Opfer fielen. Das

Regime traute sich nicht an hohe Würdenträger, weder der katholischen noch der evangelischen Kirche, heran und beendete sogar die Euthanasie offiziell, beziehungsweise ließ sie nur noch heimlich durchführen. Die hohen Würdenträger wurden von den Nazis nicht belangt, einige untergeordnete Vertreter der Kirche hingegen bezahlten solchen Protest mit dem Leben, wie der Berliner Dompfarrer Bernhard Lichtenberg.

Auch viele einfache Gemeindepriester, die sich öffentlich und trotz des streng ausgelegten Kanzelparagraphen gegen den Nationalsozialismus aussprachen, wurden dafür verhaftet und in vielen Fällen umgebracht. Ähnlich dem Militär war (und ist) die Kirche eine relativ homogene Institution, die das Entstehen einer widerständigen Haltung und die Kontaktaufnahme begünstigte. Sie genoss aber auch nach außen Vertrauen und ermöglichte Ratsuchenden, sich an sie zu wenden. Etliche Klöster waren Treffpunkte für Gegner des Regimes. Manche Priester und Ordensleute, wie der Jesuitenpater Alfred Delp, standen in direktem Austausch mit Widerstandskreisen. Sie verfügten über viele Kontakte, waren den meisten Menschen vertrauenswürdig und gegenüber dem Nationalsozialismus weitgehend einhellig ablehnend eingestellt. Die Nazis fürchteten den Rückhalt der Kirche in der Bevölkerung, und viele charismatische Priester wurden deshalb ohne Grund verhaftet und getötet. Insgesamt starben über fünftausend katholische Priester und Ordensleute aus Deutschland und den besetzten Gebieten in Gefängnissen und Konzentrationslagern. Verschiedene Mitglieder der katholischen Arbeiterbewegung standen ebenfalls in Kontakt zu den Akteuren des 20. Juli und verloren ihr Leben, wie zum Beispiel der Kölner Prälat Otto Müller. Ebenso galt das Kolpingwerk den Nazis als widerständig und wurde laufend beobachtet, etliche Mitglieder wurden verhaftet und starben im Konzentrationslager.

Anders als die katholische Kirche, lief die evangelische bereits 1933 Gefahr, vom Nationalsozialismus vereinnahmt zu werden. Die bereits 1930 gegründeten Deutschen Christen, gewissermaßen der streng nationalsozialistische Flügel der evangelischen Kirche, besetzte bei den Kirchenwahlen vom Juli 1933 alle Landeskirchen außer denen von Bayern, Hannover und Württemberg. Als die erste Generalsynode nach der Wahl einen Arierparagraphen für die evangelische Kirche beschloss, rief dies bei den Gegnern der Deutschen Christen bald heftigen Widerstand hervor. Es formierten sich etliche kleinere Gruppierungen, wie der von Martin Niemöller gegründete Pfarrernotbund, aus denen schließlich die Bekennende Kirche hervorging. Als sie sich im Mai 1934 offiziell konstituierte, war das ein offener Angriff auf das NS-Regime, was ihr zwangsläufig die Verfolgung einbrachte, obwohl sie sich zunächst nur für die Verteidigung der kirchlichen Freiheiten und Rechte einsetzte. Hunderte von Pfarrer wurden alsbald eingeschüchtert, in ihren Aktivitäten behindert und verhaftet. Unter diesem Eindruck fanden sich in der Bekennenden Kirche bald Menschen mit einem viel breiteren Verständnis von Widerstand, wie zum Beispiel Martin Niemöller, Theophil Wurm und nicht zuletzt Dietrich Bonhoeffer, sicherlich die zentrale Gestalt der aktiven evangelischen Regimegegner. Er hielt Kontakt zu verschiedenen Widerstandsgruppen, wie dem Kreisauer und dem Freiburger Kreis, und versuchte 1942, Verbindung zur britischen Regierung aufzunehmen. Er wurde bereits im April 1943 verhaftet und kurz vor Kriegsende erschossen.

Auch Angehörige kleinerer religiöser Gemeinschaften widerstanden dem Nationalsozialismus. Die Zeugen Jehovas verweigerten zum Beispiel konsequent den Wehrdienst und wurden dafür mit KZ-Haft und dem Tod bestraft. Es kamen während der NS-Zeit mehr als zweitausend Zeugen Jehovas um. Helmuth Huebner, der mit nur siebzehn Jahren vom Volksgerichtshof zum Tode verurteilt wurde, weil er Flugblätter gegen den Krieg verteilt hatte, war Mormone. Und Gertrude Luckner, die in Freiburg vielen Juden zur Flucht verhalf, war Quäkerin, bevor sie zum Katholizismus konvertierte.

> Der eigentliche Grund der Veruteilung ist der, dass ich Jesuit bin und geblieben bin. Eine Beziehung zum 20. Juli war nicht nachzuweisen. [...] Grundthese: Ein Jesuit ist a priori der Feind und Widersacher des Reiches. [...] Das war kein Gericht, sondern eine Funktion des Vernichtungswillens.

Alfred Delp am Tage seiner Hinrichtung, in seinem letzten Brief an seine Mitbrüder

Die Weisse Rose

Ab Juni 1942 hinterlegte eine Gruppe von Münchner Studenten Flugblätter in der Stadt und vor allem an der Universität oder verschickte sie mit der Post an willkürlich gesammelte Adressen. Durch befreundete Gruppen gelangten die Flugblätter auch in andere Städte. Die Mitglieder dieser Gruppe stammten überwiegend aus bürgerlichen, begüterten, teils religiös geprägten Familien. Manche von ihnen hatten zunächst mit Begeisterung und teils gegen den Willen ihrer Eltern in den nationalsozialistischen Jugendorganisationen mitgemacht und erkannten erst nach und nach die wahren Absichten hinter diesen für Kinder und Jugendliche sicher sehr anziehenden Aktivitäten.

Mit diesen Flugblättern, die sie mit »Die Weiße Rose« unterzeichneten, sollte die breite Öffentlichkeit von den nationalsozialistischen Verbrechen in Kenntnis gesetzt und so aufgerüttelt werden. Ihre Verfasser hofften, eine breite Protest- und Widerstandsbewegung im Volk auszulösen. So schrieben sie zum Beispiel im zweiten Flugblatt:

> Nur als Beispiel wollen wir die Tatsache kurz anführen, die Tatsache, dass seit der Eroberung Polens dreihunderttausend Juden in diesem Land auf bestialische Art ermordet worden sind. Hier sehen wir das fürchterlichste Verbrechen an der Würde des Menschen, ein

Verbrechen, dem sich kein ähnliches in der ganzen Menschheitsgeschichte an die Seite stellen kann [...]

Die Philosophin Hannah Arendt wies darauf hin, dass einzig die Weiße Rose die systematische Ermordung von Hunderttausenden, später Millionen von Juden, öffentlich in aller Deutlichkeit benannt und verurteilt hat.

Die Aktivität der Weißen Rose hatte nicht ganz ein Dreivierteljahr gedauert, als die Geschwister Hans und Sophie Scholl am 18. Februar vom Hausmeister der Universität, Jakob Schmid, beim Verteilen eines Flugblattes entdeckt und der Gestapo ausgeliefert wurden. Bereits am 22. Februar wurden sie und ihr Freund Christoph Probst von Roland Freisler[3] verurteilt und kurz darauf enthauptet; wenig später wurden auch die anderen Mitglieder der Gruppe verhaftet und hingerichtet – wie Willi Graf, Alexander Schmorell und Professor Kurt Huber – oder zu Gefängnisstrafen verurteilt.

Die Weiße Rose ist neben den Akteuren des Umsturzversuchs vom 20. Juli die einzige Widerstandsbe-

3. Der 1893 geborene Roland Freisler war Staatssekretär im Reichsjustizministerium und Verfechter eines neuen Strafrechts, das dem Angeklagten weniger Rechte ließ. In seiner Position als Präsident des Volksgerichtshofs, die er von 1942 an bekleidete, leitete er mit Brutalität und Menschenverachtung die meisten Verfahren gegen Mitglieder des Widerstandes, die fast alle mit dem Todesurteil endeten. Er kam 1945 während des Prozesses gegen Fabian von Schlabrendorff durch eine Bombe ums Leben.

wegung, die nicht nur in Deutschland, sondern auch im Ausland einen breiteren Bekanntheitsgrad erreicht hat. Über das kurze Leben der Sophie Scholl wurde ein international beachteter Spielfilm gedreht.

> So ein herrlicher, sonniger Tag, und ich soll gehen. Aber wie viele müssen heutzutage auf den Schlachtfeldern sterben, wie viel junges, hoffnungsvolles Leben. Was liegt an meinem Tod, wenn durch unser Handeln Tausende von Menschen aufgerüttelt und geweckt werden.
>
> *Sophie Scholl,*
> *am Tag ihrer Hinrichtung*

Der Freiburger Kreis

Als »Freiburger Kreis« bezeichnet man verschiedene Gruppen von Regimegegnern um die Freiburger Nationalökonome Constantin v. Dietze, Walter Eucken und Adolf Lampe sowie den Historiker Gerhard Ritter. Die Kerngruppe, die sich unter dem Eindruck der Reichskristallnacht und der niedergebrannten Freiburger Synagoge formierte und danach regelmäßig traf, nannte sich in leichter Selbstironie »Freiburger Konzil«. An ihm nahmen auch Professoren anderer Fakultäten teil, wie der Staatsrechtler Fritz Marschall v. Bieberstein, verschiedene Freiburger Pfarrer der Bekennenden Kirche, wie Karl Dürr und Otto Hof, sowie gelegentlich auch Vertreter von katholischer Seite, wie der spätere Freiburger Erzbischof Wendelin Rauch und der als Verlagslektor tätige Theologe Robert Scherer. Das Freiburger Konzil stellte in der Hauptsache Überlegungen für eine Neuordnung nach dem Krieg an.

1942 bildete sich daraus auf Anregung von Bonhoeffer ein engerer Kreis, der Arbeitskreis Freiburger Denkschrift, an dem neben ihm auch Carl Goerdeler gelegentlich teilnahm, sowie 1943 die Arbeitsgemeinschaft Erwin v. Beckerath.

Auch wenn der Freiburger Kreis nur wenig Einfluss auf den Widerstand hatte, so ist er jedoch die einzige bekannte Gruppe von widerständigen Professoren an einer deutschen Universität und, zusammen mit der Weißen Rose, die einzige, die sich ausdrücklich aus Anlass der Judenverfolgung zusammenfand. Nach dem 20. Juli wurden Dietze, Lampe und Ritter verhaftet, verhört und auch gefoltert. Durch glückliche Umstände überlebten jedoch alle drei das Kriegsende. Dietze und Eucken gehörten später zu den geistigen Vätern der Sozialen Marktwirtschaft.

Die Mittwochsgesellschaft

Die Mittwochsgesellschaft war ein traditionsreicher Herrenklub, der bereits 1861 als Freie Gesellschaft für wissenschaftliche Unterhaltung gegründet wurde. Ihr gehörten herausragende Vertreter, immer sechzehn an der Zahl, aus den Wissenschaften und verschiedenen Bereichen der Gesellschaft sowie aus Wirtschaft, Politik und Militär an. Man traf sich zweimal im Monat immer mittwochs in wechselnden Privathäusern. Nach dem Vortrag eines der Mitglieder zu einem frei gewählten Thema gab es bei einem Imbiss meist lebhafte Diskussionen.

Wenn auch der Widerstand zunächst nicht das vordringliche Anliegen der Mittwochsgesellschaft war, so einte doch alle Mitglieder von 1933 an eine kritische Haltung gegenüber dem Nationalsozialismus. Manche von ihnen, wie Ludwig Beck, Johannes Popitz, Jens Jessen und Hans Ulrich v. Hassell, waren aktiv im Widerstand engagiert und starben dafür. Die Nazis nahmen die Mittwochsgesellschaft erst nach dem 20. Juli als einen Kreis von Regimegegnern wahr. Die Gesellschaft traf sich zum letzten Mal am 26. Juli 1944 und danach nie wieder. Es waren nur noch fünf Mitglieder anwesend, von denen zwei kurz darauf verhaftet werden sollten. Diese letzte war die 1056. Sitzung der Mittwochsgesellschaft, die einzige, von der es kein Protokoll gibt.

Der Kreisauer Kreis

Die zentrale Persönlichkeit dieser Gruppe von Regimegegnern war der Völkerrechtler Helmuth James Graf v. Moltke, auf dessen Gut Kreisau in Niederschlesien die Mitglieder sich ab 1940 einige Male trafen. Nach Moltkes Gut erhielt die Gruppe auch den Namen »Kreisauer Kreis« oder »Die Kreisauer«. Dem Kreis gehörten Vertreter aller gesellschaftlichen und politischen Richtungen an, zum Beispiel hohe Beamte, wie Peter Graf York v. Wartenburg und Adam v. Trott zu Solz, aber auch Sozialisten wie Julius Leber und Adolf Reichwein, Theologen beider Konfessionen, wie Dietrich Bonhoeffer und Alfred Delp, die alle, obwohl sie keine direkte Verbindung zum Attentat hatten, nach dem 20. Juli hingerichtet wurden. Die Gruppe befasste sich hauptsächlich mit der Analyse des Bösen und den Verbrechen der NS-Herrschaft, sowie mit Grundideen und -strukturen für einen Neuanfang. Die Kreisauer vertraten in dieser Hinsicht sehr viel modernere Auffassungen als der Kreis um Goerdeler, Popitz und Hassell. Etliche Überlegungen der Kreisauer fanden nach dem Krieg Eingang in das Grundgesetz der Bundesrepublik Deutschland.

Der Staatsstreich selbst und vor allem ein Attentat fanden in den Gesprächen in Kreisau nur am Rande Erwähnung. Moltke hatte große Vorbehalte gegen weite Teile des militärischen Widerstandes. Er schrieb an einer Stelle: »Wir brauchen eine soziale Revolution, keinen Staatsstreich.« Der Kreis löste sich auf, als Moltke bereits im Januar 1944 verhaftet wurde. Er, der im Gegensatz zu seinem Freund York ein Attentat immer abgelehnt hatte, wurde nach dem 20. Juli zum Tode verurteilt, obwohl man ihm nichts außer seinen freiheitlichen Gedanken und Äußerungen im privaten Kreis vorwerfen konnte.

Ich habe mein ganzes Leben lang, schon in der Schule, gegen einen Geist der Enge und der Gewalt, der Überheblichkeit, der Intoleranz und des Absoluten, erbarmungslos Konsequenten angekämpft, der in dem Deutschen steckt und der seinen Ausdruck in dem nationalsozialistischen Staat gefunden hat. Ich habe mich dafür eingesetzt, dass dieser Geist mit seinen schlimmen Folgeerscheinungen wie Nationalismus im Exzess, Rassenverfolgung, Glaubenslosigkeit, Materialismus überwunden werde.

Helmuth Graf v. Moltke,
in einem Brief aus der Haft an seine Söhne

Der konservative und nationalkonservative zivile Widerstand

Die meisten konservativen Politiker in Deutschland verspürten in den Jahren des Aufstiegs der NSDAP vor 1933 eine Art natürlicher Abneigung gegen den Nationalsozialismus. Hitler und seine Genossen, besonders die SA, hielten sie für Rabauken, wenn nicht für Verbrecher. Gleichwohl teilten sie einige seiner Ansichten, insbesondere im Hinblick auf die Notwendigkeit einer starken Regierung und der Befreiung von den Auflagen des Vertrages von Versailles. Viele von ihnen sahen es außerdem als unumgänglich an, mit Hitler Kompromisse zu schließen. So verhandelte der Zentrumspolitiker Albert Hackelsberger mit Hitler die Zustimmung seiner Partei zum Ermächtigungsgesetz und erreichte dabei etliche Zugeständnisse für das

Zentrum und die deutschen Katholiken insgesamt. Schon wenig später musste er die Auflösung seiner Partei verhandeln und die Übernahme der Abgeordneten als Hospitanten in den Einparteienreichstag. Hitler hielt sich an keine der Zusagen, und Hackelsberger verblieb bis 1936 als einer von wenigen nicht nationalsozialistischen Abgeordneten im Reichstag. Er lehnte die ihm mehrfach angetragene Zusammenarbeit mit den Machthabern konsequent ab, geriet stattdessen als Katholik immer wieder in Konfliktsituationen, wurde 1938 verhaftet und starb nach zweijähriger Einzelhaft.

Andere ebenfalls kaltgestellte Politiker, die bereits früh aktiv gegen den Nationalsozialismus arbeiteten, wie der frühere württembergische Staatspräsident Eugen Bolz, oder Josef Wirmer, ein weiterer Zentrumspolitiker, standen später in engem Kontakt zu den Drahtziehern des 20. Juli, wurden von der Gestapo aufgespürt und in der Haft umgebracht.

Einer der unermüdlichsten Gegner Hitlers überhaupt war Carl Goerdeler, der 1937 aus Protest gegen den Abriss einer Statue des jüdischen Komponisten Felix Mendelssohn Bartholdy als Oberbürgermeister von Leipzig zurücktrat. Unmittelbar nach seinem Rücktritt begann er, ein Netz von Gegnern des Nationalsozialismus aufzubauen, wobei ihm seine vielfältigen Kontakte zugutekamen. Eine Anstellung bei Robert Bosch, der ihn bei seinen Aktivitäten deckte, ermöglichte ihm etliche Reisen, auch ins Ausland. Er wurde am 7. September 1944 zum Tode verurteilt und nach langen

Verhören im Februar 1945 hingerichtet. Fritz Elsass, der ehemalige Erste Bürgermeister von Berlin, der Goerdeler nach seiner Flucht versteckte, sonst aber keinen Kontakt zum Widerstand hatte, wurde ebenfalls verhaftet und kurz vor Kriegsende umgebracht.

In diesem Zusammenhang ist auch der Name des ehemaligen preußischen Staats- und Finanzministers Johannes Popitz zu erwähnen, der bereits 1935 zu den widerständigen Militärkreisen um Hans Oster stieß. Über Popitz wäre es Anfang 1944 fast zu einer Annäherung des Widerstandes an Himmler gekommen, der sich möglicherweise angesichts der drohenden Niederlage ein Schlupfloch öffnen wollte. Die Kontaktaufnahme, die dem Widerstand vermutlich eine entscheidende Wendung gegeben hätte, scheiterte jedoch, als der Kontaktmann Himmlers, sein Rechtsanwalt Carl Langbehn, verhaftet und von Himmler fallen gelassen wurde. Popitz wurde im Februar 1945 hingerichtet.

Schließlich ist der Diplomat Ulrich v. Hassell zu nennen, der ab 1939 eine zentrale Figur des Widerstandes darstellte und wie Goerdeler den Kontakt zu vielen verschiedenen Gruppierungen, vor allem dem Kreisauer Kreis, aufrechterhielt. Die Tatsache, dass die Verschwörer vom 20. Juli mit fast allen nicht militärischen Widerstandsgruppen in engem Kontakt standen und nach einem gelungenen Attentat eine vollständige, politisch erfahrene und alle Gesellschaftsschichten repräsentierende Regierung hätten einsetzen können, ist weitgehend das Verdienst dieser drei Männer.

Existiert ein Gott, der am persönlichen Schicksal der Menschen Anteil nimmt? Es wird mir schwer daran zu glauben, denn dieser Gott ließ nun jahrelang Ströme von Blut und Leid, Berge von Grauen und Verzweiflung über die Menschheit durch einige Hunderttausend erzeugen, die vertiert, geisteskrank und verblendet sind [...] Er ließ Millionen anständiger Menschen sterben und leiden. Soll dies ein Gericht sein? [...] Bei diesen Gedanken bin ich auf die Tatsache gestoßen, dass Gott in keinem seiner Gebote des Volkes gedenkt. Er bindet den Menschen an Gott selbst, an die Eltern, an den Nächsten, an die Wahrheit, an das Eigentum, aber mit keinem Geheiß an sein Volk [...] Sollten wir nicht alle mit unserem einseitigen Nationalismus Gott zu nahe getreten sein und Abgötterei betrieben haben? Ja, dann hätte das Geschehen einen Sinn, dass Gott es allen Völkern gründlich austreiben will, ihn vor ihre nationalen Wünsche zu spannen. Dann können wir Gott nur bitten, dass Er es genug sein lässt und an Stelle des Todes und der Tränen die Sendboten der Versöhnung walten lässt, die dieses Wissen Gottes und diesen Zweck seiner Gerichte erkannt haben. Ich bete zu ihm darum.

Carl Goerdeler,
in »Gedanken eines zum Tode Verurteilten«

Eine grundsätzlich distanzierte Haltung zur Weimarer Republik und zur Demokratie überhaupt, später die als Zugeständnis empfundene Zerschlagung der SA, die Wiederaufrüstung und die außenpolitischen Erfolge Hitlers nahmen die Militärs, mit nur wenigen Ausnahmen, in den dreißger Jahren zunächst für das Regime ein. Dies änderte sich, als deutlich wurde, dass Hitler auf einen Krieg zusteuerte, von dem man annahm, er könne für Deutschland nur in einer weiteren, noch fataleren Niederlage als 1918 enden. Anfang 1938 brachte Hitler durch die unwürdige Behandlung des Oberbefehlshabers des Heeres, Werner v. Fritsch, erstmals das Offizierskorps gegen sich auf. Ein kleiner Kreis von Offizieren um Hans Oster war sogar zum Putsch entschlossen, was Ludwig Beck, der Chef des Generalstabs, zu diesem Zeitpunkt jedoch noch ablehnte.

Kurz darauf, während der Sudetenkrise, formierten sich – wesentlich angetrieben von Hans Oster – um die Generale Ludwig Beck, Franz Halder, Walther v. Brauchitsch und Erwin v. Witzleben eine Reihe von Offizieren sowie einige Zivilisten und hohe Beamte, die Hitler von einem Einmarsch in die Tschechoslowakei abzuhalten versuchten, und, als sich dies als aussichtslos herausstellte, im September 1938 einen ersten Staatsstreich planten, die sogenannte »Septemberverschwörung«. Als allerdings Arthur Neville Chamberlain den

Einmarsch und die Zerschlagung der Tschechoslowakei auf der Konferenz von München anerkannte und so Hitler zu einem überwältigenden Erfolg verhalf, nahm man wieder Abstand von diesen Plänen, teils, weil die Kriegsgefahr vorläufig gebannt schien und man sich der moralischen Grundlage für einen Putsch beraubt sah, teils, weil man auf keinen Rückhalt im weitgehend begeisterten Volke rechnen konnte.

Während sich Brauchitsch und Halder vom aktiven Widerstand zurückzogen und später nie mehr für weitere Aktionen zur Verfügung standen, war Beck bereits im August 1938 als Chef des Generalstabes zurückgetreten und wurde im Oktober aus dem Dienst entlassen. Er arbeitete jedoch als eine der zentralen Personen des Widerstandes bis zu seinem Tod am 20. Juli 1944 unermüdlich daran, Hitler zu stürzen. Becks Rücktritt mag ihn ehren, war letztlich aber ein Fehler, wenn man bedenkt, dass der Staatsstreich vom 20. Juli vor allem daran scheiterte, dass er aus den Reihen der truppenführenden Generale nicht unterstützt wurde.

Die Septemberverschwörung führte noch zu einigen vagen Putsch- oder Attentatsplänen, blieb ansonsten aber ohne weitere Bedeutung. Dies muss man im Rückblick als tragisch bewerten, denn der Staatsstreich wäre in dieser Konstellation und zu diesem Zeitpunkt vermutlich erfolgreich gewesen. Zu keinem späteren Zeitpunkt wurde der Widerstand Hitler je wieder so gefährlich, da der Rückhalt in der Generalität danach brüchig wurde und auch hernach nie wieder zustande kam. Die Septemberverschwörung brachte allerdings einen harten Kern von entschlossenen Regimegegnern zusammen, nicht nur Angehörige der Wehrmacht, die alle bis zum Attentat vom 20. Juli im Widerstand arbeiteten. Dazu zählten Carl Goerdeler, die Generale und Offiziere Erwin v. Witzleben, Hans Oster, Friedrich Olbricht, Erich Hoeppner, der Gestapobeamte Hans-Bernd Gisevius, der ehemalige stellvertretende Polizeipräsident von Berlin Fritz-Dietlof Graf v. der Schulenburg und andere mehr, die mit Ausnahme von Gisevius alle nach dem Anschlag hingerichtet wurden.

Besondere Bedeutung kam dem militärischen Abwehrdienst zu, der sogenannten »Abwehr«, wo Hans Oster und Hans v. Dohnanyi unter dem Schutz von Admiral Wilhelm Canaris ein Zentrum des Widerstandes errichteten. Als Dohnanyi im Frühling 1943 verhaftet wurde und Oster und Canaris in diesem Zusammenhang ihrer Ämter enthoben wurden, war das ein schwerer Schlag für die Widerstandsarbeit. Alle drei wurden nach dem 20. Juli umgebracht.

Von ähnlicher und ab dem Frühling 1943 zentraler Bedeutung war die Dienststelle »Befehlshaber des Ersatzheeres«, in der Friedrich Olbricht ab 1941 – ursprünglich auf Befehl der Machthaber – den Plan zur »Operation Walküre« entwarf, der vorsah, wie in Deutschland und den besetzten Gebieten ein nationaler Aufstand gegen das Regime, möglicherweise auch aus den eigenen Reihen, von der Wehrmacht niedergeschlagen werden sollte. Bei allen wichtigen Truppenteilen wurden Anweisungen hinterlegt, die bei Ausgabe des Stichwortes »Walküre« zu öffnen und zu befolgen waren. In Wahrheit aber wurde mit der »Operation Walküre« – und einigen geheimen Zusatzbefehlen – der Staatsstreich nach einem Attentat auf Hitler minutiös vorbereitet. Mit der Fertigstellung der Pläne im Februar 1943 war der Umsturz vorbereitet und es ging nunmehr noch darum, das Attentat auszuführen. Diese Aufgabe oblag zunächst der Gruppe um Henning v. Tresckow in der Heeresgruppe Mitte.

1943 gelang es Olbricht, die Versetzung des inzwischen zum Widerstand entschlossenen Obersten Claus Schenk Graf v. Stauffenberg in seine Dienststelle zu bewirken. Stauffenberg kam in einem Moment, als der Widerstand seinen Antrieb zu verlieren drohte. Oster war kurz vorher seines Amtes enthoben worden, und Beck und Goerdeler waren nach Jahren verzweifelter Arbeit innerlich ausgebrannt. Stauffenberg übernahm mit Überzeugung und großem Tatendrang die Initiative, ohne sich allerdings jemals über Beck und Goerdeler, die er als Haupt und Herz der Verschwörung anerkannte, hinwegzusetzen, und führte das Unternehmen schließlich zu seinem, wie wir wissen, tragischen Abschluss.

> Ich weiß nicht, wie eine spätere Nachwelt einst über diese Tat und über mich urteilen wird. Ich weiß aber mit Sicherheit, dass wir alle frei von irgendwelchen persönlichen Motiven gehandelt haben und nur in einer schon verzweifelten Situation das Letzte gewagt haben, um Deutschland vor dem völligen Untergang zu bewahren. Ich hoffe, dass unsere Nachwelt das einst erkennen und begreifen wird.

Die letzten Worte Friedrich Olbrichts

Der militärische Widerstand in der Heeresgruppe Mitte

Neben der Gruppe um Beck, Oster und Stauffenberg in Berlin formierten sich auch an anderen Stellen der Wehrmacht Gruppen zum Umsturz bereiter Militärs, zum Beispiel in Wien und Paris. Die bedeutendste und wohl schlagkräftigste war diejenige beim Generalstab der Heeresgruppe Mitte. Hier versammelte Generalmajor Henning v. Tresckow eine größere Gruppe von entschlossenen Offizieren, wie Fabian v. Schlabrendorff, Rudolf v. Gersdorff, Hans-Ulrich v. Oertzen, Georg Schulze-Büttger, die Brüder Georg und Philipp v. Boeselager, Alexander v. Voss und andere mehr.

Tresckow war sicherlich einer der stärksten Männer des Widerstandes und unermüdlicher Antreiber des Umsturzes und des Attentates. Nach Fertigstellung der Umsturzpläne durch Olbricht, die teilweise unter seiner Mitarbeit entstanden, hatte er die Aufgabe übernommen, nun auch die Voraussetzung für den Umsturz herzustellen, das heißt Hitler, und möglichst auch Himmler und Göring, auszuschalten. In der Folge gingen von seiner Initiative etliche Attentatsversuche aus. Unter anderem sollte Hitler 1943 während eines Aufenthaltes an der Front umgebracht werden. Generalfeldmarschall Hans Günther v. Kluge untersagte allerdings Tresckow ein bereits vorbereitetes Pistolenattentat, weil nicht Hitler und Himmler gleichzeitig anwesend waren, und Tresckow befolgte dies. Stattdessen wollte man Hitlers Flugzeug beim Rückflug sprengen. Es gelang, eine Sprengstoffladung an Bord des Flugzeuges zu bringen, die aber nicht explodierte, weil in den extremen russischen Temperaturen der Zeitzünder einfror. Auf Tresckows direkten Einfluss gehen auch die Attentatsvorhaben von Rudolf v. Gersdorff und Eberhard v. Breitenbuch zurück.

Nachdem alle Versuche Tresckows fehlgeschlagen waren und Hitler seine Festungen kaum mehr verließ, musste Stauffenberg in Berlin auch die Verantwortung für das Attentat übernehmen. Gleichwohl ließ Tresckow für den 20. Juli 1944 sechs in der offiziellen Truppenliste der Heeresgruppe nicht registrierte Reiterschwadrone (tausendzweihundert Mann) zusammenstellen, die unter dem Befehl von Philipp v. Boeselager nach Berlin transportiert werden sollten, um dort die neue Regierung zu sichern.

Tresckow gelang es nie, die kommandierenden Generale an der Ostfront, insbesondere Kluge, für einen Staatsstreich zu gewinnen. Am 21. Juli 1944 nahm er sich das Leben. Er wurde postum vom Volksgerichtshof verurteilt, sein Leichnam ausgegraben, verbrannt und die Asche in alle Winde verstreut. Hitler rächte sich gar noch an den Toten.

> Ich bin nach wie vor der felsenfesten Überzeugung, dass wir recht gehandelt haben. Ich halte Hitler nicht nur für den Erzfeind Deutschlands, sondern auch für den Erzfeind der Welt. Wenn ich in wenigen Stunden vor

den Richterstuhl Gottes treten werde, um Rechenschaft abzulegen über mein Tun und mein Unterlassen, so glaube ich, mit gutem Gewissen das vertreten zu können, was ich im Kampf gegen Hitler getan habe. Wenn einst Gott Abraham verheißen hat, er werde Sodom nicht verderben, wenn auch nur zehn Gerechte darin seien, so hoffe ich, dass Gott auch Deutschland um unseretwillen nicht vernichten wird. Niemand von uns kann über seinen Tod Klage führen. Wer in unseren Kreis getreten ist, hat damit das Nessushemd angezogen. Der sittliche Wert eines Menschen beginnt dort, wo er bereit ist, für seine Überzeugung sein Leben hinzugeben.

Die letzten Worte Henning v. Tresckows

Das Attentat und der Umsturzversuch vom 20. Juli 1944

Das Attentat vom 20. Juli, in dem viele der verschiedenen Widerstandsbemühungen zusammenflossen, oder mit dessen Drahtziehern etliche oppositionelle Gruppierungen doch zumindest in Kontakt standen, ist unmittelbar verbunden mit dem Namen des Obersten Claus Schenk Graf v. Stauffenberg. Der gläubige Katholik, der in seiner Jugend wie sein Bruder Berthold dem Kreis um den Dichter Stefan George angehört, Hitler zunächst vorsichtig begrüßt und die ihm angetragene Mitarbeit im Widerstand abgelehnt hatte, war ab etwa 1943 einer der entschlossensten Gegner des NS-Regimes. Er war außerdem einer der wenigen Widerständler, die persönlichen Zugang zu Hitler hatten, und gleichzeitig ein Mann, der die für ein Attentat nötige Nervenstärke und Kaltblütigkeit besaß.

Nachdem das Attentat an zwei früheren Terminen (dem 11. und 15. Juli) nicht zur Ausführung kam, weil man glaubte, Hitler nur gemeinsam mit Himmler töten zu dürfen, wurde schließlich der 20. Juli als Termin angesetzt, um doch nur Hitler allein auszuschalten. Stauffenberg flog zusammen mit seinem Adjutanten, Werner von Haeften, am frühen Morgen des 20. Juli nach Ostpreußen, um an einer Besprechung mit Hitler im Führerhauptquartier, der Wolfsschanze, teilzunehmen. Der engste Kreis der Verschwörer in und außerhalb von Berlin war von der Absicht, das Attentat endlich auszuführen, unterrichtet. Zufälligerweise fand die Besprechung an diesem Tag aber nicht wie üblich im dafür vorgesehenen Bunker, sondern in einer Holzbaracke statt. Stauffenberg, dem nach einer Verwundung ein Auge, die rechte Hand und zwei Finger der linken fehlten, führte in seiner Aktentasche Sprengstoff mit, den er mittels eines Zeitzünders scharf machte. Kurz vor der Explosion verließ er den Raum unter dem Vorwand, telefonieren zu müssen. Er begab sich sofort zum Flugzeug, vernahm noch die Detonation und kehrte in der Überzeugung, Hitler sei tot, nach Berlin zurück. Weil aber im letzten Moment aus Zeitgründen nur die Hälfte des mitgeführten Sprengstoffes verwendet worden war, die Druckwelle in der auseinander berstenden Baracke ihre Wirkung nicht so entfaltete, wie das in einem geschlossenen Raum geschehen wäre, und die neben Hitler platzierte Tasche zufälligerweise kurz vor der Explosion an das andere Ende des Tisches gestellt worden war, überlebte Hitler, wie neunzehn andere der vierundzwanzig Anwesenden, den Anschlag leicht verletzt.

Die Nachricht von Hitlers Überleben, allerdings ohne weitere erhellende Einzelheiten oder Erläuterungen, wurde aus der Wolfsschanze von General Fritz Erich Fellgiebel, der ebenfalls dem Kreis des Widerstandes zugehörte, nach Berlin telefonisch durchgegeben. Auf Grund dieser Nachricht löste Olbricht den Befehl für die »Operation Walküre« nicht aus. Manche Autoren der Widerstandsliteratur lasten ihm das an und vermuten bei ihm einen zögerlichen Charakter. Aber Olbricht, der sich im Polenfeldzug durchaus als sehr eigenständiger und entscheidungsstarker Truppenführer bewiesen hatte, schätzte die Lage wohl richtig ein, dass der Staatsstreich nur nach Hitlers Tod eine Chance gehabt hätte. Erst als Stauffenberg am Nachmittag in Berlin eintraf und die Beteiligten vom Tod Hitlers überzeugte (an den er zu diesem Zeitpunkt wohl selbst noch geglaubt haben mag) gingen die Befehle gemäß der »Operation Walküre« an die Wehrkommandos heraus.

Die Tatsache, dass Stauffenberg sowohl der Attentäter war als auch der Hauptmotor und -akteur in der Durchführung des Staatstreiches, war ein nicht zu unterschätzendes Problem. Ob der Putschversuch aber trotz Hitlers Überleben überhaupt eine Chance gehabt hätte, wenn Olbricht die entsprechenden Befehle gleich am Morgen gegeben hätte, muss unbeantwortet bleiben. Sicherlich waren die Aussichten auf Erfolg zu diesem späten Zeitpunkt nur noch äußerst gering. Immerhin wurden in Kassel, Hamburg, Prag, Wien und Paris die Befehle ausgeführt und die Vertreter der Partei und der Gestapo sowie Einheiten der SS verhaftet. In Berlin wurde sogar Goebbels kurzfristig inhaftiert, und einige Rundfunkanstalten konnten besetzt werden. Schließlich aber wurde über Rundfunk seitens des Regimes die Nachricht vom Attentat und Hitlers Überleben verbreitet. Spätestens gegen Mitternacht des 20. Juli brach der Aufstand allerorts zusammen. Claus Schenk Graf v. Stauffenberg wurde noch in derselben Nacht auf Befehl von General Friedrich Fromm standrechtlich erschossen. Er starb mit dem Ruf »Es lebe unser heiliges Deutschland!« Anderen Quellen zufolge soll er mit Bezug auf den Freundeskreis um Stefan George gerufen haben: »Es lebe unser geheimes Deutschland!« Mit Stauffenberg wurden Friedrich Olbricht, Werner v. Haefften und Albrecht Ritter Mertz v. Quirnheim erschossen. Ludwig Beck nahm sich bei seiner Verhaftung selbst das Leben. Bereits in den nächsten Tagen begannen die Verhaftungen, Verhöre, Prozesse und Hinrichtungen, denen mehrere hundert Menschen zum Opfer fielen, obwohl man ihnen teilweise nichts weiter vorwerfen konnte, als in Kontakt mit einem oder mehreren Verschwörern gestanden zu haben. Die Familien der Attentäter wurden in Sippenhaft genommen und entkamen gegen Kriegsende häufig nur durch glückliche Umstände dem sicheren Tod. Die Kinder der Verschwörer wurden verschleppt, umbenannt und sollten zu Nationalsozialisten erzogen werden. Hitler wollte die Namen der Menschen, die es gewagt hatten, ihn zu bekämpfen, für immer vernichten. In seiner maßlosen Vergeltungswut ließ er sich gar Filmaufnahmen von den Hinrichtungen vorführen.

> Wir wollen eine neue Ordnung, die alle Deutschen zu Trägern des Staates macht und ihnen Recht und Gerechtigkeit verbürgt.

Claus Schenk Graf v. Stauffenberg,
in einer seiner letzten Notizen

VORAUSSETZUNGEN FÜR DEN WIDERSTAND

Angesichts der großen Zahl und Heterogenität dieser verschiedenen Gruppen mag deutlich werden, wie viele unterschiedliche Wege in den Widerstand möglich waren. Man wird sich fragen, wie die einzelnen Gruppen entstanden und wie jemand dazu kam, sich dem Widerstand anzuschließen und konspirativ tätig zu werden, ja überhaupt, welche Voraussetzungen und Bedingungen für den Widerstand gegen den Nationalsozialismus gegeben waren.

Allen Formen des Widerstandes, auch im weiteren Sinne, war notwendigerweise zunächst die Einsicht in den verbrecherischen Charakter des Nationalsozialismus gemein sowie die Bereitschaft und der Mut, dies in irgendeiner Form und an irgendeiner Stelle zum Ausdruck zu bringen. Für manche Menschen entwickelte sich daraus die Einsicht, dass das Regime aus der Illegalität heraus, notfalls auf dem Wege eines Attentates oder eines Staatsstreiches, bekämpft werden müsste. Aber nur wenige hatten letztlich die Möglichkeit, sich ausreichend zu organisieren, verfügten über die Position und die Macht, tatsächlich auch etwas zu erreichen und dem Regime gefährlich zu werden. Es lohnt sich, diese drei Aspekte genauer zu untersuchen.

Die Einsicht in den verbrecherischen Charakter des Nationalsozialismus

Bei der Machtergreifung der Nationalsozialisten im Jahre 1933 waren sich die wenigsten Menschen über den verbrecherischen Charakter Hitlers und seiner Partei im Klaren. Das Schlimmste, was man von Hitler sagen konnte, war, dass er 1923 in München einen Putsch versucht hatte, womit er in diesen Jahren nicht der Einzige war. Danach aber hatte er zunächst den demokratischen Weg beschritten und das mit Erfolg. Seine Tendenzschrift *Mein Kampf* hatten die wenigsten Menschen gelesen oder ernst genommen. Hitler war zunächst nur ein lauter und ungehobelter Demagoge, ein Extremist, der die Schwächen der Demokratie anprangerte. Mit seinem Versprechen, Ruhe und Ordnung einerseits und nationale Stärke andererseits wiederherzustellen, sprach er vielen Menschen aus dem Herzen. Dass unter seiner Führung später die grauenvollsten Verbrechen begangen und der bis dahin furchtbarste Krieg entfacht werden sollten, mag man im Rückblick vielleicht als erkennbar und absehbar deuten, tatsächlich aber war dies damals schlechterdings nicht vorauszusehen. Heute mag man es für sträflich naiv halten, damals aber, nach der nationalsozialistischen Machtergreifung, gingen die meisten Deutschen davon aus, Hitler werde schon bald an der politischen Realität scheitern. Wann und in welchen Schritten jedoch wurde der brutale Diktator erkennbar, der Erzfeind nicht nur Deutschlands, sondern der ganzen Welt, wie Henning v. Tresckow sagte?

Gleich nach der Wahl vom März 1933 begannen die Nazis mit der Verhaftung und teilweise Ermordung von Kommunisten und anderen Angehörigen der Arbeiterbewegung. Als sich der Reichstag das erste Mal zusammensetzte, blieben die dreiundachtzig Sitze der gewählten kommunistischen Abgeordneten leer, da sie entweder schon verhaftet oder aber in den Untergrund abgetaucht waren. 1934 schlug Hitler auch in den eigenen Reihen zu und ließ im Rahmen des sogenannten »Röhmputsches« Ernst Röhm[4] und zahlreiche andere hohe Führer der SA ohne Verfahren umbringen. In diesem Zusammenhang wurden einige konservative Politiker gleich mitermordet, unter ihnen immerhin auch der letzte demokratische Reichskanzler, Kurt v. Schlei-

4. Ernst Röhm, der nach dem Ersten Weltkrieg erst in der bayerischen Armee, dann in verschiedenen Freicorps aktiv gewesen war, hatte sich als ein Mitglieder der NSDAP der ersten Stunde am Putschversuch von 1923 beteiligt. Nach seiner Freilassung aus der Haft hatte er mit dem Aufbau der SA begonnen, die nicht nur eine brutale Schlägertruppe, sondern immer stärker auch eine Gegenorganisation zu der NSDAP wurde. Nachdem man ihm Putschabsichten unterstellt und seine Homosexualität bekannt gemacht hatte, wurde er 1934 auf Befehl Hitlers ermordet.

cher,[5] sowie dessen gänzlich unbeteiligte und unpolitische Frau. Dieser Mord ist insofern bedeutsam, als man ihn nicht mehr als spontane, nicht von der Partei gedeckte Aktion von SA-Leuten darzustellen versuchte. Vielmehr zeigte man, dass von nun an mit kalkuliertem Mord zu rechnen war. Bereits in den ersten Monaten nach der Ernennung zum Reichskanzler und der Wahl der NSDAP zur stärksten Partei setzte Hitler die Demokratie faktisch außer Kraft. Nach dem Tod Hindenburgs am 2. August 1935 machte er sich zum Führer und Reichskanzler, das heißt Präsident und Kanzler in einem, übernahm den Oberbefehl über das Militär und vereidigte die Soldaten auf seine Person.

Wir können heute darin klare Schritte hin zu der verbrecherischen Diktatur erkennen, damals aber sahen die wenigsten Menschen darin einen ersten Hinweis auf den vollen Umfang der späteren Gräueltaten des Regimes und somit einen Anlass zu Widerstand. Gerade die Behandlung der Kommunisten und der weithin gefürchteten und verhassten SA wurde von vielen Deutschen als eine notwendige »Aufräumarbeit« unter den Extremis-

---

5. Kurt von Schleicher, der zunächst Berufsoffizier gewesen war und nach dem Ersten Weltkrieg die Weimarer Republik unterstützt hatte, wurde 1929 zum Staatssekretär und im Juni 1932 schließlich zum Reichswehrminister unter Papen ernannt, sowie im Dezember für zwei Monate zu dessen Nachfolger. Sein Versuch, Hitlers Machtanspruch mit einem Regierungsbündnis von linken Nationalsozialisten und rechten Gewerkschaftlern entgegenzutreten, scheiterte an der NSDAP und der SPD. Am 28. Januar 1933 trat Schleicher zurück; sein Nachfolger wurde Adolf Hitler.

ten, mithin als erste Schritte hin zu einer ruhigeren Zeit, begrüßt. Sie übersahen leichtfertig, dass hier rechtlos gemordet wurde. Den Betroffenen stellte sich dies natürlich ganz anders dar, und so organisierten sich die ersten Verfolgten des Regimes aus der KPD bereits ab 1933 im Untergrund. Die Ermordung Schleichers andererseits war für einige wenige Offiziere, zum Beispiel Hans Oster, Henning v. Tresckow und Friedrich Olbricht, der erste Anlass, in Hitler den zu erkennen, der er war.

Die Aufrüstung und die Besetzung des Rheinlandes 1936 ließen ebenfalls noch nicht auf die spätere verbrecherische Form der NS-Kriegsführung schließen. Sie wurden im Gegenteil von einer Mehrheit der Deutschen als ein nationales Wiedererstarken begrüßt. Zu tief saß die Kränkung über den verlorenen Weltkrieg und den als Diktat empfundenen Vertrag von Versailles.

Die Verfolgung der Juden zeichnete sich allerdings früh ab. Die »Judenfrage« wurde in der nationalsozialistischen Propaganda vor dem Krieg in drei Wellen thematisiert. Diese Hetze begleiteten Maßnahmen zur Ausgrenzung der deutschen Juden: 1933 der Aufruf zum Boykott jüdischer Geschäfte, 1935 die Nürnberger Gesetze und 1938 die Ausschreitungen der Reichskristallnacht. Auch wenn die Absicht der Machthaber, weite Teile der Bevölkerung in diese antisemitischen Aktionen einzubeziehen, sich nicht verwirklichte, so zeigten sich doch hier bereits ihre extremistische Gesinnung und die Skrupellosigkeit ihres Vorgehens. Die meisten Deutschen änderten jedoch ihr Verhalten nicht. Wer bisher bei Juden eingekauft hatte, tat dies in der Regel auch weiter, sobald die SA-Wachen vor den Geschäften abgezogen waren. Auch die Pogrome vom 9. November 1938 waren mitnichten der Ausbruch des Volkszornes, als den es die NS-Propaganda darstellte. Gerade der dem Berliner Witz entsprungene Begriff »Reichskristallnacht« bringt zum Ausdruck, dass die Menschen sie für eine zentral gesteuerte, landesweite Aktion von SA-Leuten und radikalen Nazis hielten. Gleichwohl zeigten die Pogrome, zu welchen Schritten das Regime fähig war; sie ließen aber nicht notwendigerweise den Schluss zu, selbiges Regime würde wenige Jahre später Millionen von Juden ermorden.

Bis Ende 1938 emigrierte bereits ein Drittel aller deutschen Juden, die offenbar die nachhaltige Gefährlichkeit der Nazis erkannten. Zwei Drittel aber blieben. Sie täuschten sich wie die meisten Deutschen mit der Hoffnung, all dies werde vorübergehen. Auch Winston Churchill schrieb in Verkennung der wahren Gefahr noch am 7. November 1938: »Ich habe immer gesagt, dass ich hoffen würde, wir möchten im Fall einer britischen Niederlage im Krieg einen Hitler finden, der uns zu unserer rechtmäßigen Stellung unter den Nationen zurückführt. Aber leider haben Hitlers große Erfolge ihn nicht staatsmännisch reifen lassen.« Darin kommt zwar die Sorge im Hinblick auf Hitlers mögliche Kriegspläne zum Ausdruck, aber mitnichten die Einschätzung, er sei ein Verbrecher, den es so schnell als möglich zu liquidieren gälte.

Für Katholiken zumindest ließ Pius XI. in der Enzyklika *Mit brennender Sorge* vom 14. März 1937 keinen

Zweifel daran, was vom Nationalsozialismus an Gottlosigkeit und Menschenverachtung zu erwarten war. Die Euthanasiegesetze vom 1. Oktober 1939 schließlich brachten die Kirchen vollends gegen Hitler auf, trieben viele Priester, Ordensleute und Laien in den Widerstand, ohne dass dies aber zu einer breiten Volksbewegung geführt hätte.

Immerhin begann sich 1938, als der Kriegswille Hitlers unübersehbar wurde, der militärische Widerstand um Ludwig Beck zu formieren. Der Beginn des Krieges 1939 war vielen Deutschen sicher Anlass zu großer Sorge, aber wegen der überwältigenden militärischen Anfangserfolge ergab sich dagegen kein nennenswertes Aufbegehren. Überhaupt war der Krieg an sich nichts, wogegen viele Menschen grundsätzlich etwas eingewendet hätten. Krieg gehörte vielmehr noch zur politischen Vorstellungswelt der damaligen Zeit. Mit dem Krieg in Polen begannen dann allerdings die ersten Morde und Erschießungen, von denen man 1939 jedoch noch nicht viel und schon gar nichts Konkretes wusste.

Bis zum Ausbruch des Krieges stellte Hitler auch klar, wie er mit Widersachern umsprang. Etliche Konzentrationslager waren im ganzen Land eingerichtet worden, in denen 1939 etwa zwanzigtausend Häftlinge, hauptsächlich politische Widersacher des Regimes, ohne Gerichtsurteil gefangen gehalten wurden. Viele von ihnen starben. Der Volksgerichtshof, gegen dessen Entscheidungen keine Berufung möglich war, hatte 1934 seine Arbeit aufgenommen, in deren Verlauf weit über fünftausend Todesurteile gefällt wurden. Mit dem Krieg schließlich beziehungsweise schon in seiner Vorbereitung kamen auch die Militärgerichte zum Einsatz, die bis zum letzten Tag des Krieges insgesamt vierzigtausend Todesurteile fällten. (Zum Vergleich: Die Militärgerichte der Westalliierten sprachen in der gleichen Zeit dreihundert Todesurteile aus.)

Erst im Sommer 1941, das heißt im neunten Jahr der NS-Herrschaft, entfaltete sich die gewaltige verbrecherische Dimension des Nationalsozialismus in vollem Umfang. Bereits im ersten Sommer des Russlandfeldzuges wurde bis zu einer Million Menschen umgebracht, der Großteil von ihnen Juden. Diese Morde hatten bereits ein solches Ausmaß, dass viele Soldaten auch anderer Einheiten von ihnen gewusst haben und sie in Deutschland bekannt wurden, wo sie in der Zivilbevölkerung größtenteils für Entsetzen sorgten. 1941 wurde zusätzlich den deutschen Juden auferlegt, einen gelben Stern zu tragen. Zugleich begannen die ersten Deportationen, wobei angegeben wurde, diese Juden würden in den Osten umgesiedelt.

Am 20. Januar 1942 fand dann die sogenannte »Wannseekonferenz« statt, auf der die »Endlösung«, das heißt die systematische Ermordung der Juden Deutschlands und der besetzten Gebiete, offiziell beschlossen wurde; und im Laufe des Sommers 1942 begann mit der »Aktion Reinhard« die Umsetzung.

Es muss unklar bleiben, ab wann und mit welcher Genauigkeit die ersten Nachrichten von den Todeslagern, um die das Regime einen »Gürtel des Schweigens« errichtete, auch in der Zivilbevölkerung durchsickerten. Dies fiel vermutlich mit den Nachrichten von den ersten Niederlagen zusammen, die zunehmend nicht nur als militärische Rückschläge, sondern als ein sinn- und zweckloses »Verheizen« von deutschen Soldaten wahrgenommen wurden. Aber weder über das eine noch über das andere Thema durfte man sprechen, unter Androhung von Gefängnis- oder gar Todesstrafe. Goebbels' Propaganda gab sich zwar zu diesem Zeitpunkt nicht mehr die Mühe, die Gerüchte von den massenhaften Erschießungen und Giftgasmorden zu dementieren, aber sie verfälschte und verzerrte die Fakten so sehr, dass man nicht genau wissen konnte, was wahr und was falsch war.

Der britische Radiosender BBC, den zu hören bestraft wurde, berichtete ausführlich über die Niederlagen, aber, von einer Serie im Jahr 1942 abgesehen, nur wenig über die Massenmorde. (So gaben immerhin auch 45% aller Briten nach dem Krieg an, bis dato nichts von den Vernichtungslagern und vom Völkermord gewusst zu haben.)

Aus heutiger Sicht stellt sich das alles viel klarer dar. Aber im Gegensatz zu den später Geborenen wussten die Menschen damals noch nicht, dass ein solches Ausmaß an Verbrechen überhaupt vorstellbar war. Ein Beispiel mag das verdeutlichen: Philipp v. Boeselager berichtet, wie er als Ordonnanzoffizier bei Generalfeldmarschall Kluge diesem im Sommer 1942 einen Bericht vorlas, der angab, SS-Einheiten hätten im Hinterland der Front »fünf Zigeuner sonderbehandelt«. Wer das heute liest, hat unmittelbar eine Vorstellung davon, was das bedeutete. Aber damals wussten weder der junge Leutnant noch der alte erfahrene Feldmarschall, was gemeint war, und mussten sich von der SS erst aufklären lassen, dass »Sonderbehandlung« für die Erschießung ohne Verfahren stand, sprich für Mord. Spätestens zwischen 1942 und 1943 waren die Widerständler über den Umfang der Verbrechen im Bild, wobei aus Briefen und Tagebucheinträgen deutlich wird, wie schwer es ihnen fiel, das Grauen, das sich ihnen zeigte, wirklich zu glauben und zu akzeptieren. Die Verbrechen hatten eine zu ungeheuerliche Dimension.

Wir können davon ausgehen, dass ab dem Winter 1942/1943 die Mehrheit der erwachsenen Deutschen sich des wahren Gesichtes und der wahren Absichten der Nazis bewusst gewesen sein konnte und musste, wenngleich nach wie vor wohl nur wenige das volle Ausmaß kannten. In dieser Situation nun wurden verschiedene Widerstandsgruppen aktiv. Fast alle am 20. Juli Beteiligten, sofern sie nicht schon vorher dabei gewesen waren, stießen spätestens um diese Zeit zum Widerstand. Ebenfalls ab diesem Moment konnte man bei der Planung eines Putsches zumindest teilweise mit einem positiven Echo in der Bevölkerung rechnen. In diesen Zeitraum fallen die meisten Attentatsversuche der militärischen Widerstandsgruppen, aber auch die Aktionen der Herbert-Baum-Gruppe und der Weißen Rose. Am 25. Juli 1943 schließlich wurde in Italien Benito Mussolini gestürzt, was dem deutschen Widerstand zumindest ein Beispiel für einen gelungenen Staatsstreich gegen einen totalitären Diktator sein musste.

Es ist oft der Vorwurf zu hören, der Widerstand, besonders der militärische, habe sich erst spät formiert. Das ist rückblickend betrachtet zwar richtig. Im Vorangehenden sollte jedoch gezeigt werden, dass tatsächlich nur sehr wenige Menschen die Informationen sowie den klaren Blick und Verstand hatten und haben konnten, um vor Sommer 1942 das volle Ausmaß von Hitlers Verbrechen zu erahnen. Genau zu dem Zeitpunkt aber hatten sich die meisten Widerstandskreise bereits formiert, Kontakt zueinander aufgenommen und mit der Planung eines Staatsstreiches und eines Attentates begonnen, die erst im Frühjahr 1943 abgeschlossen war.

> Anscheinend werden Juden dort systematisch vergast. Sie werden in einen riesigen Waschraum geführt, angeblich zum Baden, dann lässt man durch unsichtbare Röhren Gas einströmen. Bis alle tot sind. Die Leichen werden verbrannt. Dieser Artikel wirkte seriös, klang nicht nach Gräuelpropaganda. Muss ich diesem entsetzlichen Bericht glauben? Er übersteigt die schlimmsten Ahnungen. Das kann einfach nicht möglich sein. So viehisch können selbst die brutalsten Fanatiker nicht sein. [...] Das Lager soll in einem Ort namens Auschwitz sein.

Tagebucheintragung der Berliner Journalistin Ursula von Kardorff am 27. Dezember 1944 nach der Lektüre eines schweizerischen Artikels über die Judenmorde

Die Regierung Hitlers wurde zunächst von den meisten Deutschen, selbst bei einer kritischen Sicht, als legitim angesehen. Immerhin war Hitler auf demokratischem Wege an die Macht gelangt. Auch die ausländischen Regierungen akzeptierten die Regierung Hitlers als rechtmäßige Vertretung des deutschen Volkes. Der Vatikan schloss am 20. Juli 1933 ein Konkordat mit der NS-Regierung und erkannte sie damit als rechtmäßig an. Der britische Premierminister Arthur Neville Chamberlain lehnte es 1938 ab, mit Vertretern des deutschen Widerstandes in Verbindung zu treten, weil er die legitime Regierung Hitlers nicht übergehen wollte.

Man darf den Gewissenskonflikt der Menschen des Widerstandes, mit Ausnahme der Kommunisten, nicht hoch genug veranschlagen. Letztere hatten schon in den frühen zwanziger Jahren die Weimarer Republik für die falsche Staats- und Gesellschaftsform gehalten und bekämpft, ähnlich wie die Nazis, und sahen Hitlers Regime nun nicht anders. Widerstand war ihnen somit nicht neu. Für alle anderen war die Regierung zunächst die maßgebliche Autorität. Aus heutiger Sicht mag es befremden, damals aber waren Staatstreue und Vaterlandsliebe keine leeren Begriffe. Für Soldaten kam erschwerend hinzu, dass Hitler die Wehrmacht ab 1935 auf seine Person vereidigte, was von vielen ihrer Angehörigen auch ernst genommen wurde. Widerstand, Ungehorsam oder gar Putsch waren für einen Offizier, wie auch für einen Staatsbeamten, damals undenkbar und unvereinbar mit dem eigenen Verständnis von Beruf und Ehre. Dies galt schon zu Friedenszeiten und umso mehr im Krieg. Die Niederlage von 1918 und die Dolchstoßlegende waren den Generalen der Wehrmacht, alles Offiziere des Ersten Weltkrieges, noch allzu gegenwärtig. Die Vision eines verlorenen Krieges und einer Wiederholung der empfundenen Demütigung durch den Vertrag von Versailles, später auch zunehmend die Furcht vor einer sowjetischen Besatzung Deutschlands sowie vor Vergeltung für die deutschen Verbrechen ließen auch in den letzten Kriegsjahren, ja -monaten, noch viele Menschen weiter ihren Dienst verrichten. Hitler hatte es erreicht, sein persönliches Schicksal so sehr mit dem Schicksal Deutschlands zu verknüpfen, dass ein Kampf gegen ihn zugleich ein Kampf gegen Deutschland sein musste. Einige Gruppen, wie die Kommunisten, die Rote Kapelle, die Herbert-Baum-Gruppe oder die Edelweißpiraten, akzeptierten die fatale Konsequenz dieser Verknüpfung und waren bereit, Deutschland im Krieg zu schaden, um Hitler bekämpfen zu können. Sie spielten dem Feind Informationen in die Hände oder sabotierten. Militärischer und nationalkonservativer Widerstand hingegen tat das nicht, sondern versuchte, das zu verbinden, was kaum zu verbinden war, nämlich gegen Hitler, aber für Deutschland zu kämpfen.

Erschwerend für einen Widerstand waren die innen- und außenpolitischen und später die militärischen Erfolge Hitlers. Die Generale und Offiziere, die sich 1938 gegen die Meinung ihrer Kameraden zum Staatsstreich entschlossen hatten, gaben ihr Vorhaben auf, nachdem die Annexion von Böhmen und Mähren durch Großbritannien und Frankreich genehmigt worden war. Hitlers Erfolge auf allen Gebieten überlagerten lange Zeit die von ihm initiierten Verbrechen. Sich gegen einen Führer aufzulehnen, dem die Massen zujubelten, erforderte noch mehr Standhaftigkeit als schon das Aufbegehren an sich. Erst als 1942 die Massenmorde und die verbrecherische und (selbst-)zerstörerische Kriegsführung Hitlers offenkundig wurden und eine Niederlage absehbar war, entschloss sich eine größere Anzahl von Kritikern dazu, den Eid auf den Führer zu brechen, Staatsstreichspläne zu schmieden und vor allem, Hitler zu töten. Allerdings waren bis zuletzt selbst viele Angehörige des Widerstandes, wie Carl Goerdeler oder Helmuth Moltke, immer noch der Auffassung, die Gewaltherrschaft dürfe nicht auch durch Anwendung unrechter Gewalt beendet werden, und waren entsprechend persönlich nicht bereit, ein Attentat auf Hitler, nämlich die Tötung ohne Rechtsgrundlage oder Urteil, moralisch für richtig und geboten zu halten.

Die weit verbreitete Vorstellung, dass es für jeden anständigen Menschen eine Selbstverständlichkeit hätte sein müssen, in den Widerstand zu gehen, greift zu kurz. Die Männer und Frauen, die sich dem Widerstand anschlossen, zeichneten sich durch hohe moralische Ansprüche aus und durch die Haltung, dem Staat, dem Reich, dem Volk zu dienen und diesem Ziel die eigenen Interessen unterzuordnen. Gerade für solche moralisch und rechtlich denkenden Menschen ist Widerstand zunächst die Ausnahme und nicht die Regel, ist kein Automatismus, sondern bedarf einer bewussten und nicht leicht zu treffenden Entscheidung. Ist der Schritt zu Umsturz und Hochverrat schon nicht leicht, so ist es umso schwerer, sich zu einem Attentat und somit zu politischem Mord bereit zu erklären. Und noch ein Schritt weiter ist es, dabei das eigene Leben einzusetzen.

Goerdeler, Moltke u. a. waren bis zum Schluss strikt gegen ein Attentat und verlangten, Hitler müsse festgesetzt und verurteilt werden. Werner v. Haeften sah zwar die Notwendigkeit eines Attentates und unterstützte ja Stauffenberg am 20. Juli, lehnte es aber aus Gewissensgründen ab, den Mord selbst durchzuführen. Die Generale Hellmuth Stieff und Erich Fellgiebel, die als einzige Widerständler noch regelmäßigen Zugang zu Hitler hatten, erklärten sich zwar zur Beteiligung an einem Attentat bereit, hatten aber nicht den Mut und die Nerven, dieses alleine und unter Einsatz des eigenen Lebens durchzuführen. Nur wenige Männer waren willig und sahen sich dazu imstande, Hitler von Angesicht zu Angesicht zu töten und selbst dabei zu sterben. Von der Einsicht in die Verbrechen Hitlers und die daraus resultierende Notwendigkeit eines Umsturzes war es noch einmal ein großer Schritt bis hin zur Bereitschaft, ein – heute würden wir sagen – Selbstmordattentat durchzuführen.

> Vor dem 20. Juli und auch vor 1933 oder vor 1914 gab es keinen deutschen Richter, der gesagt hätte: Wer echtes Widerstandsrecht übt, handelt auch dort rechtmäßig, wo er gemeines Recht brechen muss. Heute ist diese Auffassung [...] die Grundlage unserer Rechtsprechung.
>
> *Constantin v. Dietze,*
> *in seiner Gedenkansprache am 20. Juli 1964*

Gruppenbildung und Organisation

1938 und 1939 scheiterten Maurice Bavaud und Johann Georg Elser bei dem Versuch, Hitler zu töten. Ungeachtet der realen Erfolgschancen, gelang es den beiden immerhin, sich Hitler in der Öffentlichkeit gefährlich zu nähern, und beide wurden danach nur durch Zufall gefasst. Allerdings wurden nach diesen ersten Attentaten die Sicherheitsmaßnahmen um den Diktator deutlich verschärft, weswegen alle späteren Versuche unter wesentlich ungünstigeren Bedingungen stattfinden mussten. Hitler war überaus vorsichtig und, was seine Pläne und Termine betraf, in hohem Maße unberechenbar. Etliche Versuche, ihn zu töten, scheiterten allein daran, dass im letzten Moment Termine geändert wurden oder Hitler vom Zeitplan abwich. Der Kreis derjenigen Menschen, die unmittelbaren Zugang zum Diktator hatten, wurde ab 1941 immer kleiner. Hitler hatte außerdem bereits in den ersten Jahren nach der Machtergreifung einen weitreichenden und äußerst effizienten Polizeistaat aufgebaut. Neben der regulären Polizei gab es die Gestapo (Geheime Staatspolizei) und den SD (Sicherheitsdienst der SS) sowie die Partei mit ihren Gau-, Kreis- und Bezirksorganisationen und Vertretern in den Betrieben sowie die Block- und Hauswarte. Die Präsenz des totalitären Staates war allgegenwärtig oder wurde zumindest so empfunden. Hinter Nachbarn, Bekannten oder Kollegen musste man Spitzel befürchten. Tatsächlich verfügte das Regime über viele ständige oder gelegentliche Informanten, und das eigennützige, sich bereichernde Denunziantentum hatte beschämende Ausmaße. Allein der SD verfügte über dreißigtausend inoffizielle Mitarbeiter, die für Geld oder andere Vergünstigungen bereit waren, ihre Mitbürger auszuhorchen und zu denunzieren. Der Zeichner der unvergessenen *Vater und Sohn*-Geschichten, Erich Ohser, wurde 1943 von einem Nachbarn belauscht, als er sich in einem Gespräch mit seinem Freund Erich Knauf auf dem Balkon negativ über die Kriegsaussichten äußerte. Beide wurden denunziert und verloren das Leben.

Zusätzlich zu diesen der Überwachung und Unterdrückung dienenden Organen gab es die SA und die SS, die Hitler vollständig ergeben waren und seine Herrschaft schützten. Zumindest die SS war partiell besser bewaffnet als weite Teile der Wehrmacht. Die Macht der SS, die zu Beginn des Krieges über etwa achtzigtausend, gegen Ende desselben aber über neunhunderttausend Mann unter Waffen verfügte, machte es außerdem nötig, Pläne für die Phase nach einem Attentat vorzubereiten, nämlich einen Staatsstreich.

Widerstand konnte in einem solchermaßen organisierten Staat nur in kleinen, vollständig verlässlichen Gruppen vonstattengehen. Die Gruppen zu vergrößern, indem man mögliche Gesinnungsgenossen ansprach, war nur in sehr kleinem Umfang und auf der Basis besonderer persönlicher Vertrauensverhältnisse denkbar. Pläne zu machen und Information auszutauschen, setzte voraus, dass die entsprechenden Personen sich versammeln oder reisen konnten, ohne Argwohn zu erwecken. Auf der anderen Seite aber konnte ernsthaften Widerstand gegen einen derart gut gerüsteten und mächtigen Staatsapparat nur leisten, wer über eine reibungslos funktionierende, in ganz Deutschland und den besetzten Gebieten aktive Personalstruktur und über ausreichende Macht und Waffengewalt verfügte. Die nötige Personalstruktur gab es nur in der kommunistischen Partei, in den Kirchen und in der Wehrmacht, die nötige Waffengewalt letztlich nur in der Wehrmacht.

In den ersten Tagen der nationalsozialistischen Herrschaft mögen der kommunistische und der sozialdemokratische Widerstand noch eine ernstzunehmende Gegenkraft gewesen sein, da sie einerseits gut und straff organisiert waren sowie zum Teil über Kampferfahrung und ein nicht unerhebliches Waffenarsenal verfügten, und dabei andererseits auf einen relativ hohen Rückhalt in der Arbeiterschaft zählen konnten. Der Widerstand aus diesen beiden Lagern wurde aber recht schnell, wo nicht zerschlagen, so doch deutlich geschwächt, während die Machtfülle der Nazis, nachdem sie einmal an der Regierung waren, stetig ausgebaut wurde. Das Bürgertum hatte den brutalen Methoden der Nazis von Anfang an nur wenig entgegenzusetzen.

Später war ein aktiver, für Hitler und das Regime gefährlicher Widerstand einzig und allein noch aus der Wehrmacht möglich. Alle anderen Widerstandsgruppen waren dem Regime a priori unterlegen und konnten so nur punktuell agieren. Die Weiße Rose und die Herbert-Baum-Gruppe, so bewundernswert der Mut ihrer Mitglieder und so beeindruckend ihre Haltung auch waren, konnten nur ein Zeichen setzen und auf eine Reaktion in der Bevölkerung hoffen, womit ihre Chancen von Anfang an nur sehr gering waren. Umso höher muss ihr Einsatz gewertet werden.

Einzig beim Militär waren Strukturen und Waffengewalt vorhanden, die einen Umsturz möglich und denkbar machten. Die Frage für den engen Kreis der Verschwörer war, welche Militärs an entscheidender Stelle für den Widerstand, für ein Attentat auf Hitler und für einen Staatsstreich gewonnen werden könnten, und wie man sich ihnen annähern könnte. Bis zu einem gewissen Grad ermöglichte der Charakter des Militärs eine solche Annäherung. Der Umstand der teils jahrelangen Kameradschaft und des ständigen Zusammenlebens auch unter extremen Bedingungen war die Grundlage dafür, dass man sich besser kannte und einschätzen konnte, und begünstigte so die Annäherung und das zunächst unverbindliche, aber doch unbedingt vertrauensvolle Gespräch. In seiner politischen Einstellung war das Offizierskorps außerdem einhelliger als andere Verbände oder Berufstände. Hinzu kam, dass die adligen Offizieren oft, wenn auch weitläufig, verwandt waren und sich auch außerhalb des Dienstes kannten und trafen. Sie konnten häufig eine ähnliche Erziehung und Tradition und das gleiche Verständnis von Dienst am Staat voraussetzen, vor allem aber das Vertrauen, vom anderen nicht denunziert zu werden.

So vertraute Stauffenberg zunächst vor allem seinem Bruder Berthold und seinen Vettern, Cäsar v. Hofacker und Peter Graf York v. Wartenburg, beziehungsweise seinen alten Kameraden aus dem 17. Bamberger Reiterregiment, wie Roland v. Hößlin und Albrecht Mertz v. Quirnheim. Fritz-Dietloff Graf v. der Schulenburg »rekrutierte« richtiggehend für den Widerstand in seinem alten Regiment, dem berühmten IR9. Und Tresckow, der wie kein anderer eine weitschauende »Personalpolitik« für den Widerstand betrieb, wandte sich ebenfalls in erster Linie an Verwandte und alte Regimentskameraden. An der Front sprach er ausschließlich Stabsoffiziere und kaum Frontoffiziere an, ganz zu schweigen von einfachen Soldaten. Man musste hoffen, die Willigen im Ernstfall überzeugen und die Unwilligen schnell ausschalten zu können. Die Offiziere und Reiter der sechs Reiterschwadrone, die am 20. Juli nach Berlin marschieren sollten, gehörten dem Widerstand nicht an und waren nicht in den Plan eingeweiht, dennoch glaubte der Truppenführer, Philipp v. Boeselager, sich auf alle verlassen zu können. Als die Aktion, die den Beteiligten an sich schon seltsam genug erscheinen musste, unterwegs auch noch überhastet abgeblasen wurde und die Soldaten wieder an die Front zurückritten, während gleichzeitig die ersten Nachrichten vom Attentat eintrafen, müssen sich die meisten ihren Teil gedacht haben. Keiner hat aber ein Wort darüber verlauten lassen, und Boeselager blieb als einer der wenigen Beteiligten von der Gestapo unentdeckt. Dieses Beispiel zeigt, dass man im Ernstfall auf sehr viel mehr Männer, vor allem an der Front, zählen durfte als gemeinhin angenommen, wenngleich die Widerstandsbewegung im Vorfeld nur sehr vorsichtig informieren und wachsen durfte.

Das Beispiel zeigt aber umgekehrt auch, dass nur wer zu einer der Widerstandsgruppen Kontakt fand oder selbst eine solche bilden konnte, sich auch sinnvoll gegen den NS-Staat auflehnen und mit realistischen Chancen auf einen Umsturz hinarbeiten konnte. Alle Erkenntnis, alle Bereitschaft zu Attentat und Hochverrat und aller Mut alleine hätten nur wenig Möglichkeiten geboten. Einzig in der Gruppe war erfolgversprechender Widerstand vorstellbar und nur dort konnte es die Motivation und den moralischen Rückhalt geben, den diese Männer sicherlich in ihrer geheimen und verzweifelten Arbeit nötig hatten. Johann Georg Elser war in jeglicher Hinsicht die Ausnahme. Nach Kriegsbeginn war eine Wiederholung seines Attentatsversuchs in dieser oder ähnlicher Form nicht mehr denkbar.

Am Beispiel Axel von dem Bussches

Axel Freiherr v. d. Bussche-Streithorst war zwanzig Jahre alt, als der Krieg ausbrach. Gerade zwei Jahre zuvor war der Spross einer alten preußischen Soldatenfamilie in ein Infanterieregiment in Potsdam eingetreten, das berühmte und traditionsreiche IR9. Er war ein hervorragender Soldat und Truppenführer, der den Krieg vom ersten Tag an miterlebte und mit dem Ritterkreuz ausgezeichnet wurde. Ohne ein Anhänger Hitlers zu sein, stand er dem Regime doch zunächst nicht ausgesprochen kritisch gegenüber. Seinen Eid auf den Führer nahm er durchaus ernst.

Im Herbst 1942 hatte Bussche allerdings ein Erlebnis, das ihm in furchtbarer Weise schlagartig die Augen öffnete. Auf dem stillgelegten Flugplatz von Dubno in der Ukraine wurde er Zeuge einer Massenerschießung von ein- bis zweitausend Juden – Männer, Frauen und Kinder. Er selbst hat nachher beschrieben, wie SS-Leute die Juden an eine Grube trieben, sie dort zwangen, sich erst zu entkleiden und dann in die Grube zu steigen, in der schon eine Schicht manchmal noch zuckender Leiber lag, und sie mit dem Gesicht nach unten durch Schüsse in den Hinterkopf töteten. Diese Bilder, und mehr vielleicht noch die eigene Hilf- und Sprachlosigkeit angesichts der brutalen Morde, ließen ihn mit einem Mal verstehen, was Hitler und seine Helfer wirklich waren, nämlich eine Bande gewissenloser Mörder.

Es wurde ihm deutlich, dass die deutschen Soldaten einen Krieg für Hitler führten, den dieser für seine Verbrechen missbrauchte. Für Bussche war damit klar, dass der Eid auf den Führer ihn nicht mehr band, da dieser Führer selbst seine Seite des Eides gebrochen hatte, der doch beide Seiten gleichermaßen verpflichtet. Bussche wurde zugleich auch klar, dass man angesichts dieser Verbrechen seine Ehre als deutscher Soldat nur bewahren konnte, wenn man sein Leben gegen Hitler einsetzte. Er war nach diesem Erlebnis bedingungslos bereit, im Kampf gegen Hitler alles, auch das eigene Leben, zu geben.

Ein ehemaliger Kamerad Bussches aus dem IR9, Fritz-Dietloff Graf v. d. Schulenburg, erkannte seine Entschlossenheit und brachte ihn in Verbindung mit Stauffenberg. Bussche erklärte sich bereit, bei einer Vorführung neuer Uniformen sich selbst mit Hitler in die Luft zu sprengen. In der Nacht vor dem Termin jedoch verbrannten diese neuen Uniformen bei einem Bombenangriff – einer der vielen Zufälle, die alle Attentatsversuche gegen Hitler vereitelten. Der Termin wurde auf unbestimmte Zeit verschoben, und Axel Bussche wieder an die Front zurückversetzt. Zu einem zweiten Termin ließ ihn sein Kommandeur, der nicht eingeweiht war, nicht mehr gehen. Bussche wurde kurz darauf schwer verwundet und verlor ein Bein. Er bekam keine zweite Gelegenheit mehr, seinen Entschluss auszuführen, Hitler zu töten.

Das Beispiel Axel Bussches zeigt, wie jemand durch ein tief greifendes Erlebnis sich der vielleicht schon geahnten Wahrheit nicht länger verschließen kann, wie daraus ein Entschluss reift und die Bereitschaft, selbst zu töten, aber auch, wie erst der Kontakt zu den entscheidenden Leuten es möglich macht, sich wirklich sinnvoll einzusetzen. Wäre Axel v. d. Bussche nicht Offizier des IR9 gewesen und hätte er Schulenburg nicht gekannt, hätte der gemeinsame militärische und gesellschaftliche Hintergrund das Gespräch nicht erleichtert und hätte er über Schulenburg nicht Stauffenberg kennen gelernt, wie hätte er, der fast den gesamten Krieg an der Front verbrachte und später Invalide wurde, etwas gegen Hitler unternehmen können? Wäre er nicht vielleicht mit der Erinnerung an das Massaker und mit der Qual, nichts dagegen unternommen zu haben, alleine geblieben? Hätte er nicht darüber verzweifeln müssen und vielleicht an der Front den Tod gesucht? Es muss Menschen gegeben haben, vielleicht sogar viele, denen eben dies widerfahren ist, Soldaten, die Ähnliches erlebt haben, die einen Entschluss wie Bussche fassten, aber nie die Möglichkeit bekamen, den Kampf gegen Hitler zu führen. Hätte Bussche nicht auch in Dubno schon protestieren und einschreiten können? Ja, hätte er, aber es hätte ihn vermutlich nur das Leben gekostet und nichts geändert.

Es bleibt abschließend festzuhalten, dass Axel v. d. Bussche einer der wenigen Widerstandskämpfer war, von denen bekannt ist, dass sie einen solchen Massenmord mit eigenen Augen gesehen haben, die somit ein Erlebnis hatten, was sich nicht mehr verdrängen ließ. Die meisten Deutschen hingegen hatten selbst kein solch unmittelbares Erlebnis, dem sie sich nicht mehr hätten entziehen können. Viele Deutsche wussten vor allem nichts Konkretes, denn die Soldaten, die etwas gesehen oder Genaues erfahren hatten, berichteten in der Heimat selten detailliert davon. Die meisten Menschen waren somit auf Ungenaues und auf Gerüchte angewiesen, von denen man sich nie sicher sein konnte, wie nahe sie der Wahrheit kamen, oder ob sie gar Feindespropaganda waren. Alle wussten etwas, aber nur sehr wenige verfügten über genaues, unbezweifelbares Wissen. Je weiter man aber von einem Verbrechen entfernt ist, desto geringer wird auch die eigene Verantwortung und die eigene Zuständigkeit für dessen Bekämpfung empfunden.

Wer einmal in einem Land wie Äthiopien war und dort Hungernde, vielleicht sogar vor Hunger Sterbende, gesehen hat, kehrt meist nicht nach Hause zurück und lebt sein Leben weiter, als gäbe es dieses Leid nicht. Bei Hunger- oder Naturkatastrophen strahlen die Hilfsorganisationen Bilder aus, weil die Menschen sich durch die konkrete Anrührung durch die Bilder viel leichter zum Helfen bewegen lassen, als durch das bloße abstrakte Wissen. Es bedarf offensichtlich der unmittelbaren Ansprache, eines persönlichen Erlebnisses, Bilder, denen man sich nicht mehr entziehen kann, um sich für das Leid und das Schicksal anderer Menschen zuständig und verantwortlich zu fühlen. Nun widerfuhr aber den wenigsten Deutschen der damaligen Zeit eine solch aufrüttelnde Begebenheit, die sie persönlich und direkt angesprochen hätte, und kaum einer kannte jemanden, dem er in den Widerstand hätten folgen können.

Gründe für das Scheitern des Anschlags vom 20. Juli

Der Staatsstreich, auf den der militärische in Verbindung mit dem nationalkonservativen zivilen Widerstand hinarbeitete, war der einzige realistische Putschversuch, nachdem die Septemberverschwörung ja nicht zur Ausführung gekommen war. Die Weiße Rose versuchte, das Volk aufzurütteln. Der kommunistische Widerstand und die Rote Kapelle bemühten sich, die Niederlage zu beschleunigen. Der Kreisauer und der Freiburger Kreis warteten auf diese als unabwendbar, aber auch notwendig angesehene Voraussetzung für einen Neuanfang, was eine realistische Einschätzung der eigenen Möglichkeiten widerspiegelte und der gegenüber einem Attentat eher ablehnenden Einstellung ihrer Mitglieder, so z.B. Helmuth Graf v. Moltkes, entsprach. Nur am 20. Juli wurde Hitlers Regime frontal in seiner ganzen Breite angegriffen.

Wenn man sich heute fragt, warum dieser einzige realistische Versuch eines Staatsstreiches scheiterte und warum erst die von den Alliierten mühsam, mit unendlichen Opfern auf allen Seiten erkämpfte bedingungslose Kapitulation dem Terror der Nazis ein Ende zu bereiten vermochte, so muss man sich verschiedene Umstände vor Augen führen.

Erstens gilt es sich zu vergegenwärtigen, dass von den zwölf Jahren, die die NS-Herrschaft dauerte, immerhin sechs Kriegsjahre waren, sich das Land also in einem Ausnahmezustand befand. Nur wenige Männer, wie Beck, Goerdeler oder Bonhoeffer, konnten sich weitgehend dem Widerstand widmen; die meisten waren in Aufgaben eingespannt, die sie mit Verantwortung zu erfüllen suchten und die ihnen nur die Abend- und Nachtstunden ließen. Man muss sich vor Augen führen, was es bedeutete, dass Deutschland in fast allen Bereichen vollständig vom Krieg geprägt war, mit dessen Führung viele der Akteure des Widerstandes als Soldaten und Beamte vorrangig beschäftigt waren, und den sie aus Pflichtgefühl und aus Solidarität gegenüber den Kameraden an der Front auch nicht behindern wollten.

Männer wurden plötzlich versetzt oder fielen durch Verletzungen oder Tod aus, Verbindungen wurden behindert oder rissen ab, fast alle lebten in Sorge um Familienangehörige, die als Soldaten an der Front oder als Zivilisten in den bombardierten Städten ständig in Lebensgefahr schwebten. Wichtige und entschlossene Mitglieder des Widerstandes, wie Tresckow, standen an der Front und konnten zum Staatsstreich in Berlin nichts beitragen. Nur der kommunistische Widerstand, die Rote Kapelle und die wilden Jugendgruppen waren zu Sabotage oder zur Preisgabe von Information an den Feind, das heißt zum Landesverrat, bereit. Die meisten Widerstandskämpfer sahen im Krieg aber kein Verbrechen per se und stellten ihn nicht vollumfänglich gleich mit Hitler und seinen Verbrechen; man wollte zumindest alles tun, um Deutschland in eine gute Verhandlungsposition zu bringen. Der Krieg war somit in jeglicher Hinsicht ein Faktor, der dem Widerstand weitgehend die Hände band.

Zweitens gilt es sich deutlich zu machen, was es bedeutete, in völliger Rechtlosigkeit zu leben und in einem Polizeistaat, dessen Propaganda weite Teile der Bevölkerung durchdrang und in dem die kritisch eingestellten Menschen ihre Gesinnung ständig verstecken mussten. Wie gefährlich es war, einen vermeintlichen Gesinnungsgenossen anzusprechen, um ihn für den Kampf gegen Hitler zu gewinnen, kann man sich leicht ausmalen. Viele Menschen, die zunächst von der NS-Regierung überzeugt waren (wie übrigens auch viele der Verschwörer) oder sie doch zumindest in den Friedensjahren noch falsch einschätzten, kamen erst nach und nach zu der Überzeugung, Hitler sei ein Verbrecher. Der Überwachungsstaat verhinderte, dass alle Menschen mit dieser Überzeugung und der Bereitschaft zum Widerstand zu diesem Zeitpunkt in größerem Umfang zusammenkamen und so eine breitere Basis bildeten.

Drittens ist entscheidend festzustellen, dass Haltung und Selbstverständnis der Generale, älteren Offiziere und Beamten noch aus dem Kaiserreich, mithin dem 19. Jahrhundert, stammten, und dass diese Männer größte Bedenken hinsichtlich jeglicher Putschpläne oder gar einem als unsoldatisch und feige empfundenen Attentat hatten. Inwieweit dies eine echte unauflösbare Tragik war oder nur ein vorgeschobener Grund, wird man aus heutiger Sicht nicht mehr klären und auch nicht pauschal sagen können. Tatsache aber ist, dass dem Widerstand nicht nur die breite Basis, sondern auch die Schlüsselfiguren in der Wehrmacht fehlten. Dem militärischen Widerstand gehörten zwar zahlreiche Mitglieder im Generalsrang an, aber die Feldmarschälle und Generale mit direkter Kommandogewalt und eigenen Truppen erklärten sich nie zur aktiven Mitarbeit bereit. Walther v. Brauchitsch, Franz Halder, Gerd Rundstedt, Erich v. Manstein, Erwin Rommel, Hans Günther v. Kluge oder Friedrich Fromm standen mit dem Widerstand in Kontakt, teilten dessen Einschätzung bis zu einem gewissen Grad, wussten um seine Aktivitäten und Pläne, kamen aber zu keinem Zeitpunkt über eine unverbindliche Oppositionshaltung hinaus und entschlossen sich nicht zum aktiven Eingreifen. Von Manstein ist dem Wortlaut nach der Satz überliefert: »Preußische Feldmarschälle meutern nicht.« Ironischerweise wurden Rommel und Kluge wegen ihrer Nähe zum Widerstand sogar von Hitler zum Selbstmord genötigt, und Fromm wurde hingerichtet, obwohl sie ja nun gerade nicht beteiligt gewesen waren. Insbesondere von Fromm kann man sagen, dass er als oberster Befehlshaber des Ersatzheeres und damit Kommandeur über die »Operation Walküre« den Erfolg des Staatsstreiches in den Händen gehalten hat. Er wusste von den Plänen und wurde von den Beteiligten immer wieder beschworen, mitzumachen, aber er tat es nicht. Und Kluge, dem Tresckow das Attentat und den Umsturz gewissermaßen auf dem »silbernen Tablett servierte«, hätte schon 1943 die Möglichkeit gehabt, alles in die Hand zu nehmen. Die einzigen Generale mit Truppenkommando, die sich uneingeschränkt zum Widerstand bekannten, waren Erwin v. Witzleben, der 1944 aber schon im Ruhestand war, und Karl-Heinrich v. Stülpnagel, der in Paris innerhalb von kürzester Zeit alle SS-, SD- und Parteiführer festsetzen ließ, was zeigt, wie viel mit mehr Kommandogewalt zu erreichen gewesen wäre.

Schließlich muss man darauf hinweisen, dass der innerdeutsche Widerstand trotz vieler Versuche und relativ guter Kontakte zu der dortigen Regierung keine Unterstützung von Großbritannien erhielt und auch nicht von den USA. Dies ist insofern bemerkenswert, als die Alliierten ansonsten alle Widerstandsgruppen in den besetzten Gebieten mit allen Mitteln unterstützten. Ab 1938 unternahmen die Widerständler immer wieder den Versuch, mit britischen Regierungsstellen in Kontakt zu kommen. Vermittler waren unter anderem Erich Kordt, Carl Goerdeler, Dietrich Bonhoeffer und Adam v. Trott zu Solz. In völliger Verkennung der Gefahr, der die Angehörigen des Widerstandes durch das NS-Regime ausgesetzt waren, ließ der britische Außenminister, Anthony Eden, im Jahr 1942 Adam v. Trott die Nachricht übermitteln: »Unsere Meinung ist, dass sie [die Widerständler] weder für uns noch für Deutschland von Nutzen sind, solange sie sich nicht decouvrieren und ein sichtbares Zeichen ihrer Absicht geben, bei der Entmachtung des Nazi-Regimes mitzuwirken.« Für die Widerständler wäre es aber äußerst wichtig gewesen zu wissen, dass sie nach einem Attentat und Staatsstreich als Verhandlungspartner ernst genommen würden. Die Weigerung der Westalliierten, die Deutschen, die gegen Hitler arbeiteten, zu unterstützen, war sicher ein ausschlaggebender Faktor für die Haltung der Generale. Sie hatten nicht nur die Dolchstoßlegende im Kopf, sondern auch den als Diktat empfundenen Vertrag von Versailles. Nachdem der Widerstand nichts anderes in Aussicht stellen konnte, als die alliierte Forderung nach einer bedingungslosen Kapitulation, blieb man lieber bei den Waffen. Den Generalen fehlte es vielleicht nicht so sehr an einer ethischen Grundeinstellung, als vielmehr an der nötigen politischen Vision für einen Staatsstreich.

Der britischen Regierung stellte sich der deutsche Widerstand zunächst nicht einheitlich dar. Sozialdemokratische Politiker im Londoner Exil vertraten eine ganz andere Position als die Emissäre des nationalkonservativen Widerstandes in Deutschland. Vor allem aber vermochte der militärische Flügel sich für britisches Verständnis nicht ausreichend von Hitlers Expansionspolitik zu distanzieren, weswegen man an der bedingungslosen Kapitulation festhielt. Die Grundhaltung des konservativen wie des militärischen Widerstandes, »Gegen Hitler, aber für Deutschland!«, war unvereinbar mit der britischen Außenpolitik. Nachdem in Großbritannien in den dreißiger Jahren die Ansicht überwogen hatte, der Vertrag von Versailles sei in seiner Härte ein Fehler gewesen, hatte zunächst die Meinung bestanden, man müsse Deutschland entgegenkommen. Als aber die aus dieser Haltung resultierende Appeasement-Politik an Hitlers außenpolitischer Maßlosigkeit scheiterte, kehrte man ab 1938 zur Position von Versailles zurück und ging noch darüber hinaus. Nicht ganz zu unrecht, wenn auch überspitzt, schreibt deshalb die langjährige Herausgeberin der Wochenzeitung *Die Zeit*, Marion Gräfin Dönhoff: »Vermutlich wollte Churchill nicht nur Hitler erledigen, sondern ein für allemal die Macht der Deutschen brechen.« Dies ist nicht grundsätzlich falsch, aber aus deutscher Sicht gesprochen, denn es ging Großbritannien nicht darum, Deutschland zu zerschlagen, sondern künftig Frieden von ihm erwarten zu können. Nach der Erfahrung von 1904 bis 1914 und dann im Ersten Weltkrieg sowie von 1936 bis 1941 schien dies nur möglich zu sein, wenn Deutschland noch stärker in seiner Macht beschnitten würde als dies 1918 in Versailles geschehen war.

Ein von den Alliierten unterstützter Staatsstreich aus der Wehrmacht hätte vielleicht den Krieg verkürzt, viel Leid erspart und in den Konzentrationslagern, den Städten und auf den Schlachtfeldern viele Menschenleben, auch auf alliierter Seite, verschont. Aber es hätte den Siegern nicht die Möglichkeit gegeben, mit der gleichen Freiheit die Position Deutschlands in der Welt nach dem eigenen Gutdünken neu zu gestalten. Dies kann man nachvollziehen. Dass hingegen eine angemessene Wertung des Opfergangs der Widerständler sowie eine Korrektur der Position »Alle Deutschen sind Nazis« auch nach dem Attentat vollständig ausblieb, ist schwerer zu verstehen. Die *Herald Tribune* schrieb kurz nach dem 20. Juli 1944: »Amerikaner werden im allgemeinen nicht traurig sein, dass die Bombe Hitler verschont hat, auf dass er selber nun seine Generale erledigen kann. Amerikaner haben nichts übrig für Aristokraten und schon gar nicht für diejenigen, die dem Stechschritt huldigen.« Darin zeigt sich das bei den Briten und Amerikanern vorherrschende doppelte Feindbild: Nationalsozialismus und preußischer Militarismus. Eine internationale Konferenz von europäischen Historikern sechzig Jahre nach dem Attentat zeigte, dass auch in heutiger Zeit weder in Großbritannien noch in Frankreich, Polen oder Russland der Widerstand sowie das »andere Deutschland« in der Wahrnehmung eine Rolle spielen.

Der Umsturz scheiterte und musste wohl scheitern. Auch ein erfolgreiches Attentat hätte daran nichts geändert, da eben die nötige Unterstützung in Deutschland, in der Generalität und im Ausland fehlte. Wäre Hitler umgekommen, so hätte vermutlich Himmler die Macht übernehmen können. Vielleicht aber hätte er den Irrsinn von Hitlers Kriegs- und Vernichtungspolitik nicht im gleichen Ausmaß fortgesetzt. Das letzte Ziel, das Hitler bis zum Schluss noch verfolgte, war, wie Sebastian Haffner gut darstellt, alles mit in den Abgrund zu reißen und das deutsche Volk zu vernichten, nachdem es sich in seinen Augen seiner Pläne nicht als würdig erwiesen hatte. Himmler hätte vielleicht versucht zu überleben und hätte sich durch Rücknahme aller verbrecherischen Befehle den Alliierten angedient. Vielleicht. Wie viele der Millionen Menschen, die zwischen dem 20. Juli 1944 und dem 8. Mai 1945 in den Gaskammern der Vernichtungslager, im Granatfeuer der Fronten und im Bombenhagel der Städte ihr Leben ließen, hätten gerettet werden können, kann man nicht sagen. Wir wissen letztlich nicht, inwieweit die Menschen, die Hitler in den letzten zehn Monaten des Krieges noch umgaben, seine Handlungen billigten und unterstützten und eventuell fortgesetzt hätten, oder ob sie einfach nur zu schwach und furchtsam waren, um zu widersprechen, nach seinem Tod jedoch anders gehandelt hätten.

Aber die Möglichkeit, dass mit Hitler der Führer, der Anstifter, der wahnsinnigste und furchtbarste aller nationalsozialistischen Verbrecher, verschwinden würde und damit eine Korrektur der Regime-Politik herbeigeführt werden könnte, war zumindest nicht auszuschließen. War bis etwa 1943 ein schnelles und für Deutschland günstiges Ende des Krieges noch das vorherrschende Motiv für weite Kreise des Widerstandes gewesen, so blieb im Juli 1944 nur noch die Hoffnung, dem wahnsinnigen Morden Einhalt gebieten zu können. Diese Hoffnung gab dem Attentat trotz geringer oder nicht existenter Aussichten auf einen gleichzeitigen Umsturz doch seinen Sinn. Diese Hoffnung, die Hoffnung, dass Hitler, der Zerstörer, der Wahnsinnige, der Inbegriff des Bösen, gebremst, die unsäglichen Verbrechen beendet und weiteres sinnloses Leiden verhindert werden könnten, war den Verschwörern vom 20. Juli Ansporn für ihre Tat, obwohl sie befürchten mussten, dass der Umsturz nicht gelingen würde, und obwohl sie geahnt haben, dass sie den Versuch nicht überleben würden. Die geringe Aussicht und die Hoffnung, wenigstens irgendetwas zu erreichen, ließ sie dennoch handeln, obwohl es bereits zu spät war. Ihre ethische Überzeugung, die Gewissheit, ohne den Versuch vor sich selbst nicht mehr bestehen zu können, verbot es ihnen, untätig zu bleiben. Es war das gleiche verzweifelte Auflehnen gegen das Unrecht, das zuvor auch schon Menschen wie Harro Schulze-Boysen, Hans Oster, Carl Goerdeler, Dietrich Bonhoeffer, Herbert Baum, Hans Scholl oder Helmuth Moltke angetrieben hatte.

Wenn man einmal absieht vom Widerstand aus den kommunistischen Gruppen, die die eigene Sache und Ideologie über das geltende Recht stellten, und dem aus den wilden Jugendgruppen, deren rebellische Wut noch jugendlich unreflektiert war, so ist es dieses Rechtsempfinden und das – bei den meisten christlich geprägte – Verständnis vom rechten Handeln, das die Menschen des Widerstandes einte. Darüber hinausgehende Beweggründe sind aus dem geistigen Hintergrund der einzelnen Personen zu verstehen. Für einige war es das Ideal der Weimarer Republik, für andere das des Kaiserreichs von 1871. Wieder andere zogen ihre Stärke aus der Tradition des preußischen Heeres oder aus ihrer Verwurzelung im christlichen Glauben. Für viele waren die in ihren Familien tradierten und lebendigen Werte entscheidend. In den Brüdern Stauffenberg wurde vielleicht die große und schöne Idee des Heiligen Römischen Reiches Deutscher Nation noch ein letztes Mal lebendig. Im Juli 1944 aber ging es des ungeachtet vor allem darum, ein Zeichen zu setzen, das Zeichen, dass Deutschland nicht alle moralische Integrität verloren hatte. In diesem Sinne sind der Widerstand und das Attentat vom 20. Juli nicht gescheitert, denn dieses Zeichen wurde gesetzt.

Das Entscheidende ist nicht, was aus diesem oder jenem persönlich wird. Das Entscheidende ist nicht einmal die Folge für das Volk, sondern entscheidend ist die Unerträglichkeit, dass seit Jahr und Tag im Namen des deutschen Volkes Verbrechen auf Verbrechen und Mord auf Mord gehäuft wird, und dass es sittliche Pflicht ist, diesem im angemaßten Namen des Volkes geübten Verbrechen Einhalt zu gebieten.

Ludwig Beck

WERTUNG DES WIDERSTANDES

Wenig wurde im Laufe der Zeit so unterschiedlich beurteilt wie der Widerstand gegen den Nationalsozialismus. Auf der einen Seite wurden und werden die Menschen des Widerstandes als mutige Helden gefeiert, als Retter der Ehre und der moralischen Integrität Deutschlands und als Paten des Neuanfangs in der Stunde null. Auf der anderen Seite wurden die Opfer, die der Widerstand mit sich brachte, lange Zeit weder in Deutschland noch im Ausland angemessen gewürdigt.

Die kommunistischen Widerständler fanden wegen ihrer Verbindung zu Stalin, dessen Verbrechen nach und nach ebenfalls bekannt wurden, wegen ihres Bestrebens, den NS-Staat durch einen kommunistischen, ebenfalls diktatorischen ersetzen zu wollen, und wegen der Rolle mancher von ihnen im SED-Parteiapparat in Westdeutschland kaum Anerkennung. Der sozialistische und sozialdemokratische Widerstand wird als zu unbestimmt und halbherzig kritisiert. Ähnliches hört oder liest man oft über den kirchlichen Widerstand beider Konfessionen und über den nationalkonservativen Widerstand.

Die kommunistischen, aber ebenso die militärischen Widerständler wurden während des Krieges, aber auch noch danach, als Landesverräter beschimpft. Nun mag man vielleicht nachvollziehen können, dass viele Deutsche unmittelbar nach dem Krieg der nationalsozialistischen Propaganda noch verhaftet gewesen sein mögen. Aber selbst in den fünfziger Jahren äußerten sich viele Deutsche noch negativ über diese Thematik und vertraten die Meinung, nur wegen des Widerstandes sei der Krieg überhaupt verloren gegangen. Hinzu kommt, dass man im nationalkonservativen und militärischen Widerstand häufig den Ausdruck derselben nationalistischen Ideologie sieht wie bei den Nazis, und unterstellt ihm die Absicht, er habe im Anblick des Untergangs bloß einer angemessenen und gerechten Strafe entgehen wollen.

Vor allem wird in Bezug auf den militärischen Widerstand auch heute noch der Vorwurf erhoben, es habe sich um den letzten, viel zu schwachen, viel zu spät unternommenen Versuch einer reaktionären Oberschicht gehandelt, ihre Privilegien zu retten, die ansonsten aber der Demokratie gegenüber kritisch eingestellt gewesen sei. Auch hört man, der Widerstand sei nur zögerlich, ja halbherzig gekommen. Und schließlich wird im Hinblick auf die Widerständler vom 20. Juli beanstandet, sie hätten sich nicht gegen die Ermordung der Juden gewandt, sondern nur nationale Interessen im Auge gehabt, und seien dem Holocaust gegenüber weitgehend indifferent geblieben oder sogar grundsätzlich antisemitisch eingestellt gewesen. Eine von Antisemitismus geprägte Grundeinstellung wird auch dem kommunistischen, dem bürgerlichen und dem kirchlichen Widerstand vorgehalten.

Bei genauerem Hinsehen lassen sich die meisten landläufig erhobenen Vorwürfe gegen den Widerstand jedoch entkräften. Da es vom ersten Tag der nationalsozialistischen Herrschaft an Auflehnung gegen das Regime gegeben hat, und auch einige Militärs diesbezüglich bereits vor Ausbruch des Krieges aktiv waren, kann man schlecht behaupten, die Bemühungen seien zu spät gekommen. Wer sich die Akteure des Widerstandes genauer ansieht und ihre Biographien studiert, wie die von Bästlein, Elser, Oster, Moltke, Bonhoeffer, Schulze-Boysen, Mierendorff, Goerdeler, Baum, Scholl, Beck, Tresckow, Schulenburg und, nicht zuletzt, Stauffenberg, lernt Menschen kennen, die sich mit ganzem Herzen, kompromisslos und unter Aufbietung aller ihnen zur Verfügung stehenden Energie dem Widerstand verschrieben hatten. Hier von Halbherzigkeit zu sprechen, ist unangemessen. Dass es sich um eine Bewegung aus der Oberschicht gehandelt habe, trifft zum einen allenfalls auf die Drahtzieher des Komplotts vom 20. Juli zu, nicht aber auf den Widerstand insgesamt. Zum anderen ist es aber per se nicht einleuchtend, darin überhaupt einen Vorwurf sehen zu wollen.

Ebenso mag man sich fragen, ob es treffend ist, dem konservativen und dem militärischen Widerstand eine zweifelsohne vorhandene nationalistische Gesinnung vorzuwerfen. Die konservativen Widerständler, besonders die Militärs, liebten ihr Land; den Vertrag von

Versailles empfanden sie als für Deutschland beschämend, die anhaltenden Reparaturzahlungen für ungerecht und die schwache Verteidigungsmöglichkeit eines nur hunderttausend Mann starken Heeres für gefährlich neben Ländern, die viel größere Armeen besaßen. Sicher wollten sie, dass sich das ändern sollte. Aber war das wirklich derselbe Nationalismus, den Hitler vertrat, oder eher eine Haltung, wie sie Winston Churchill oder Charles de Gaulle im Bezug auf ihre jeweiligen Nationen auch gehabt haben mochten?

Viele der Menschen, die sich später dem Widerstand anschlossen, hatten anfangs ihre Hoffnungen auf Hitler gesetzt. Seine sofort unternommenen Anstrengungen, die Demokratie zu entmachten, sahen sie nicht nur negativ, denn ebendiese Demokratie hatte in ihren Augen dabei versagt, die deutschen Probleme zu lösen. Aber für den Widerstand, auch hier wieder mit Ausnahme des kommunistischen, war klar, dass nach einem Attentat nur eine Übergangsregierung eingesetzt werde würde, die die Macht bald wieder abgeben sollte. Verschiedene Pläne für eine klar demokratische Verfassung lagen vor.

Richtig ist schließlich, dass der Widerstand schwach war. Es waren nur wenige Kreise aus Arbeiterschaft, Kirchen, Universitäten, Parteien und Militär, die sich zur Auflehnung gegen das Regime entschlossen. Die große Mehrheit der Deutschen, die Hitler, den Krieg, die Rassenpolitik und die Verbrechen nicht unterstützten, blieb passiv. Das lässt sich nicht leugnen. Aber hier sollte unter anderem gezeigt werden, dass Widerstand auch eine Frage der Möglichkeiten gemäß der persönlichen Umstände jedes einzelnen war. Vor allem aber ist der Vorwurf, zu wenige hätten damals aufbegehrt, nicht an die Widerständler zu richten, sondern an die, die dies genau nicht taten.

Es bleibt der Vorwurf des Antisemitismus, der nicht ohne Weiteres entkräftet werden kann. Tatsächlich lassen etliche dokumentierte Äußerungen von verschiedenen Widerständlern aus allen Gesellschaftsschichten den Schluss zu, Antisemitismus habe auch im Widerstand eine Rolle gespielt, und auch dort habe das Feindbild des Internationalen Judentums und des Jüdischen Bolschewismus bestanden. Letzteres gilt mit Sicherheit für General Karl-Heinrich v. Stülpnagel, der sogar in den ersten Wochen des Russlandfeldzuges nachweislich tagelang nichts gegen die mörderischen Ausschreitungen von Angehörigen der OUN (Organisation Ukrainischer Nationalisten) unternahm, die sich im Verbund mit Soldaten der 5. Waffen-SS Division Wiking an jüdischen Zivilisten in Zloczow vergriffen hatten, obwohl das im Verantwortungsbereich der von ihm geführten 17. Armee lag.

Dies ist ein Einzelfall, aber auch darüber hinaus muss unbestritten bleiben, dass in Widerstandskreisen, egal welchen Ursprungs, gleichfalls die fixe Idee von einem sogenannten »Judenproblem«, das nach einer Lösung verlangte, beziehungsweise die Furcht vor einer jüdischen Gefahr für das deutsche Volk vorherrschte. Schriftstücke des Widerstandes bezeugen, dass man sich mit diesem vermeintlichen Problem befasste und Lösungen suchte. Andererseits wird der Nachweis kaum gelingen, dass die gesamte innerdeutsche Opposition gegen Hitler antisemitisch eingestellt gewesen sei, so wie es auch nicht das gesamte deutsche Volk war; vielmehr kann man davon ausgehen, dass die Mehrheit es nicht war. Vor allem aber kann man aus diesem Antisemitismus, wie stark er auch immer vertreten gewesen sein mag, nicht den Schluss ziehen, diejenigen, die ihm anhingen, hätten auch die »Endlösung« gutgeheißen, hätten die von Hitler initiierte Ausrottung der gesamten europäischen jüdischen Bevölkerung befürwortet. Es gibt tatsächlich viele Belege dafür, dass der Judenmord von weiten Teilen des Widerstandes explizit verurteilt wurde und für viele überhaupt Anlass für umstürzlerische Aktivitäten war. Etliche der nach dem 20. Juli Angeklagten gaben in den Verhandlungen vor dem Volksgerichtshof an, die Morde an Juden hätten sie dazu gebracht, Hitler stürzen und töten zu wollen. Dabei muss man sich klar machen, dass eine solche Aussage unter diesen Umständen nicht mildernd, sondern erschwerend gewirkt haben muss und die Angeklagten sie gewiß nicht im Blick auf die Nachwelt gemacht haben.

So zeigt sich, dass alle landläufig vorgebrachten Vorwürfe gegen den Widerstand zu kurz greifen, widerlegt oder zumindest entkräftet werden können. Dennoch wird man den Eindruck nicht los, die Rezeption des Widerstandes sei geradezu zersplittert. Dabei ist das sicher kein wissenschaftliches Problem. Die Geschichtsschreibung hat heute, Jahrzehnte nach dem Ende des

Krieges, eine hohe Objektivität erlangt sowie weit reichende Erkenntnisse zu den Fakten einerseits und den politischen, persönlichen und geistigen Hintergründen und Motiven des Widerstandes andererseits. Die Heroisierung, die manche Teile der frühen deutschen Widerstandsliteratur durchzog, sowie der Eindruck, es habe sich um einen reinen »Aufstand des Gewissens« gehandelt, sind ebenso sehr überwunden wie manche im Umfeld der 68er Bewegung entstandenen Tendenzen, den nationalkonservativen und den militärischen Widerstand in die Nähe des Nationalsozialismus und des Massenmordes zu rücken und zu diskreditieren. Den gewonnenen Erkenntnissen wird vermutlich in der Zukunft nichts wesentlich Neues mehr hinzugefügt werden.

Es geht inzwischen aber gar nicht mehr so sehr um historische Details, sondern vielmehr darum, wie der Widerstand heute in Deutschland von nachgeborenen, in der Demokratie, aber im Schatten der Vergangenheit aufgewachsenen Generationen empfunden wird. Hier ist es nun, als sei Deutschland in seiner Wertung des Widerstandes gespalten, und zwar nicht in zwei Lager, sondern in der Art der Wertung als solcher, die in sich widersprüchliche Züge aufweist. Einerseits versucht man, den Widerstandsbegriff möglichst weit auszudehnen, zum Beispiel auf Deserteure oder Menschen, die BBC-Radio hörten etc., andererseits spricht man vor allem dem nationalkonservativen und dem militärischen Widerstand und selbst den Menschen, die hohen Einsatz zeigten und sogar für den Widerstand starben, häufig die rechte Gesinnung ab, kritisiert ihre Ziele und ihre Handlungsweise und übersieht dabei das persönliche Opfer, das sie zu erbringen bereit waren.

Einerseits braucht man gerade diesen Widerstand zur Relativierung des Gesamtbildes, besonders in einer Zeit, da die differenzierte Unterteilung der damals lebenden Deutschen in Verbrecher und Unbeteiligte immer stärker einer pauschalen Verurteilung der ganzen Generation Platz macht. Andererseits scheint es, als wolle es Deutschland nicht gelingen, sich mit den handelnden Personen des Widerstandes zu identifizieren. Es ist, als ginge die Saat der Propaganda Hitlers und Goebbels doch noch auf, wo sie versuchten, die Verschwörung vom 20. Juli als Tat einer kleinen Clique ehrgeiziger Offiziere zu brandmarken. Nun hatte Hitler allen Grund, eine Identifikation des Volkes mit den Widerständlern zu verhindern, aber heute sollte genau das Gegenteil gelten.

Es scheint, als winde sich in die Sichtweise bezüglich des Widerstandes immer auch der Blick auf die ganze Geschichte Deutschlands während der NS-Zeit mit hinein. Man kann den Widerstand nicht bewerten, ohne vorher für sich die eigene Position zur deutschen Geschichte während der NS-Zeit geklärt zu haben. Wer sich aber als Deutscher mit dieser Geschichte befasst, hat sich nicht nur zu fragen: »Wie stehe ich dazu?«, sondern stößt unweigerlich auch auf die Frage: »Wie hätte ich mich verhalten?«

Deutschland zerfiel, wenn man das Bild sehr vereinfacht zeichnet, während der Jahre der Naziherrschaft in drei Gruppen: Am einen Ende der Gesellschaft war die Gruppe der aktiven Nazis, die die Verbrechen befahlen oder ausführten, und die Bürger, die sie bis zum Schluss aktiv unterstützten. In der Mitte befand sich die Gruppe derer, die sich mehr oder weniger, aber mit Erfolg, anpassten und Hitler weder besonders unterstützten noch bekämpften. Und am anderen Ende gab es die Gruppe, die das Risiko einging, sich aufzulehnen. Das größte Kollektiv war zweifelsohne das mittlere. Das heißt, die meisten Menschen haben persönlich zwar keine Verbrechen begangen und diese Verbrechen auch nicht gutgeheißen, das aber öffentlich gar nicht oder nur sehr zaghaft zu erkennen gegeben. Sie haben Hitler am Anfang vielleicht gewählt und bejubelt oder auch nicht, jedoch später nicht mehr Treue und Unterstützung bekundet als nötig war, um nicht aufzufallen, allerdings auch nicht weniger. Sie haben indessen nichts getan, um Hitler seiner Macht zu entheben und seine Verbrechen zu beenden, sei es, weil sie den Mut nicht aufbrachten, sei es, weil sie die Möglichkeit nicht hatten, oder sei es, weil sie sich der Faszination von Hitlers Erfolgen auch 1942, 1943 und 1944 noch nicht entziehen konnten. Ob es uns gefällt oder nicht, aller Wahrscheinlichkeit nach hätten auch wir Heutigen größtenteils dieser mittleren Gruppe angehört und wären folglich Mitläufer und keine Helden gewesen. Bewusst oder unbewusst fürchten wir, dass es so gewesen wäre. Vielleicht fällt unsere Identifikation mit dem Widerstand deshalb so halbherzig aus, weil wir ahnen, dass auch wir größtenteils versagt und nicht zur kleinen Gruppe der Widerständler gehört hätten.

Der Wiener Neurologe und Psychiater Viktor Frankl glaubte, dass alles menschliche Leid, sei es auch noch so groß, immer auch einen Sinn für den Betroffenen enthält. Frankl überlebte das Konzentrationslager und versuchte nach seiner Befreiung, selbst dieser Erfahrung einen Sinn in seinem Leben zu geben. Wenn das Leben überhaupt einen Sinn hat, dann auch das Leid darin, sei es noch so unfassbar und groß. Dies ist die Grundidee der von ihm begründeten Logotherapie. Leid auf sich zu nehmen, bewusst das Leid zu wählen, kann Frankl zufolge menschlich gesehen sogar eine Chance bedeuten. Aber eine solche Entscheidung kann nur jeder Einzelne für sich treffen. Keiner kann sie vom anderen verlangen. Niemand darf von einem anderen Menschen fordern, er oder sie »[...] hätte lieber ins Konzentrationslager gehen sollen, als sich den Nazis zu beugen. Das mag zwar richtig sein, aber eigentlich dürfte das nur sagen, der es für seine Person unter Beweis gestellt hat, und nicht jemand, der sich im sicheren Ausland aufgehalten hat. Im Nachhinein ist es leicht, über andere zu Gericht zu sitzen.« Der Jude Viktor Frankl, der die ihm gebotene Möglichkeit zu emigrieren ausschlug, um bei seinen alten Eltern zu bleiben, der dann ins Konzentrationslager kam und dort seine junge Frau, seine Eltern und seinen Bruder verlor, erhob einen solchen Vorwurf nie. Er vermochte es trotz allem, sich mit Wien, seiner Heimat, mit Österreich und Deutschland zu versöhnen, obwohl nur wenige, denen er dort täglich begegnete, sich gegen den Nationalsozialismus erhoben und viele ihn die längste Zeit sogar unterstützt hatten.

Wer heute aus der Sicherheit einer anderen Zeit oder der Sicherheit eines anderen Landes, das nie eine Gewaltherrschaft erlebt hat, pauschal den Vorwurf an alle Deutschen erhebt, sie hätten nichts gegen Hitler unternommen, muss sich fragen lassen, ob er oder sie anders gehandelt hätte. Aber wer kann das mit Sicherheit von sich sagen?

Wer die Männer und Frauen des Widerstandes verurteilt, für ihre nationalistische oder kommunistische Einstellung, für die Regierungsform, die sie an die Stelle der Hitlerdiktatur setzen wollten, für ihr elitäres Standesbewusstsein oder dafür, dass sie Hitler zunächst begrüßten, erst spät zur Einsicht kamen und vielleicht zu spät handelten, oder aber für Befehle, die sie als Soldaten zu verantworten hatten und die anderen Menschen den Tod brachten, muss sich seiner eigenen Urteilskraft und Haltung sehr, sehr sicher sein. Die Widerständler haben im Gegensatz zu dem, der heute so spricht oder denkt, unter Beweis gestellt, was sie zu tun und zu geben bereit waren, nämlich ihr Leben. Daneben muss verblassen, was immer auch ihre Beweggründe und Ziele und, vor allem, was ihre Fehler gewesen sein mögen.

Das allein zählt heute und für die Zukunft, denn wir wissen leider nur zu gut, dass es auch in unseren Tagen Unrecht, Verbrechen und Massenmorde gibt, auch wenn sie weit weg geschehen und nicht mit der gleichen grausigen Systematik, Konsequenz und Effizienz des Nationalsozialismus oder im gleichen Ausmaß begangen werden. Es ist abwegig zu glauben, unsere heutige untätige Gleichgültigkeit gegenüber den vielen Millionen Menschen – Männern, Frauen, Greisen und vor allem Kindern –, die jedes Jahr an Hunger sterben, sei wesentlich anders zu bewerten als die Indifferenz der Deutschen zwischen 1933 und 1945 gegenüber den Verbrechen ihrer nationalsozialistischen Landsleute. Achtung: Nicht Holocaust und Hungertod werden hier verglichen, die ja zwei völlig unterschiedliche Phänomene sind, sondern damalige und heutige Gleichgültigkeit und Untätigkeit.

Bei der Beschäftigung mit dem Widerstand zeigt sich nun, dass Untätigkeit nicht die einzige Option war, dass es möglich war, sich aufzulehnen. Es zeigt sich aber auch, dass diese Möglichkeit an eine Reihe von Bedingungen geknüpft war und sich deshalb nicht allen Menschen im gleichen Ausmaß bot, selbst denen nicht, die den eigenen Tod sicher vor Augen hatten, wie den deutschen Juden. Und schließlich zeigt sich, dass die Entscheidung, sich dem Widerstand anzuschließen, das persönliche Opfer verlangte, dass sie somit eine heroische Tat im Sinne Viktor Frankls war. Die Beschäftigung mit dem Widerstand zeigt aber auch, dass er breiter war, als die meisten Menschen heute wissen, und dass es ihn vom ersten bis zum letzten Tag der NS-Herrschaft gab. Das so unterschiedliche Kollektiv der Widerständler war an Zahl zwar nicht besonders groß, aber die Menschen, die ihm zugerechnet werden dürfen, kamen aus allen Bereichen der Gesellschaft und waren unterschiedlichste Persönlichkeiten. Und vor allem: nicht alle waren so außergewöhnliche und starke Menschen wie Elser, Mierendorf, Bonhoeffer, Moltke, Oster, Schulenburg, Goerdeler oder Tresckow und nicht zuletzt Stauffenberg, die vermutlich unter jeden Umständen, auch alleine, den Kampf aufgenommen hätten; charismatische, ja vielleicht fanatische Menschen, Helden, die so sehr aus der Menge herausragen, dass wir sie nur mit einer gewissen Scheu zu betrachten vermögen. Es waren auch durchschnittlichere, viel schwächere Menschen dabei, die Zweifel und Ängste hatten, die teils zufällig zum Widerstand kamen und sich ohne einen Anführer wie Oster, Mierendorff, Goerdeler oder Tresckow vielleicht nie getraut hätten, den Verbrechern die Stirn zu bieten.

Jeder, der sich mit dem Widerstand befasst, wird in den Biographien seiner Akteure sicher auf einen Menschen stoßen, dem er sich innerlich verbunden fühlen und mit dem er sich identifizieren kann. Deshalb ist es so wichtig, dass sich auch nachfolgende Generationen mit dem oppositionellen Geist gegen Hitler in seiner ganzen Breite beschäftigen und sich der Wissensstand nicht mit dem Namen Stauffenberg und dem Datum des 20. Juli erschöpft. Die konkrete Situation und die menschliche Dimension des Widerstandes sind wichtig, nämlich für die Gegenwart und die Zukunft. Das Beispiel zählt, das für alle Menschen – heutige und künftige – gültige und nachvollziehbare Beispiel. Detailbezogene Kritik einerseits und pathetische Heldenverehrung andererseits dürfen uns dieses Beispiel nicht entfremden, sonst verlieren wir die Chance, daraus zu lernen und Schlüsse für unsere Tage zu ziehen.

Die unvergleichlichen Verbrechen und die ungezählten Morde, die der Nationalsozialismus begangen, und das Leid, das er so vielen Menschen und Völkern gebracht hat, bleiben bestehen. Das Elend, das Hitler über Deutschland, Europa und die Welt gebracht, und die Schuld, die das deutsche Volk auf sich geladen hat, da es sich zum Werkzeug der Verbrecher machen ließ und Hitler nicht aufhielt, können durch das Opfer der Männer und Frauen, die sich gegen Hitler zu erheben wagten, nicht getilgt werden. Auch enthebt der Widerstand spätere Generationen nicht, sich mit der nationalsozialistischen Vergangenheit auseinanderzusetzen, und er kann nicht übersehen lassen, dass die meisten Deutschen nicht aufbegehrten. Aber der Widerstand fügt der Vergangenheit einen wichtigen und wertvollen Aspekt hinzu, den es in Erinnerung zu behalten lohnt.

ANHANG

BÄSTLEIN, Bernhard (03.12.1894–18.09.1944). Zunächst SPD-Mitglied, war er ab 1920 sehr aktiv in der KPD und einer der ersten Regimegegner, die 1933 inhaftiert wurden. Als er wieder freikam, gründete er in Hamburg die Bästlein-Jacobs-Abshagen-Gruppe, die bald im ganzen norddeutschen Raum agierte. Er wurde 1942 verhaftet, konnte 1944 fliehen, wurde erneut gefasst und schließlich hingerichtet.

BAUM, Herbert (10.02.1912–11.06.1942). Zunächst Mitglied des kommunistischen Widerstandes, von dem er sich aber immer mehr distanzierte, da er sich als Jude zunehmend mit einer anderen Situation als dieser auseinandersetzen musste. Schließlich Anführer einer jüdischen Widerstandsgruppe, die am 18. Mai 1942 einen Brandanschlag auf eine Propagandaausstellung verübte. Baum und die meisten Mitglieder wurden bereits kurz darauf gefasst. Er starb an den Folgen der Folter.

BAUM, Marianne (09.02.1912–08.08.1942). Ehefrau von Herbert Baum, mit ihm aktiv in der Herbert-Baum-Gruppe.

BAVAUD, Maurice (15.01.1916–14.05.1941). Schweizerischer Student der Theologie, der 1938 alleine versuchte, Hitler bei einer Parade zu erschießen. Er wurde durch einen Zufall gefasst, 1939 zum Tode verurteilt und schließlich 1941 hingerichtet.

Beck, Ludwig (29.06.1880–20.07.1944). Berufsoffizier, ab 1935 als Chef des Generalstabs ranghöchster Soldat der Wehrmacht, 1938 Rücktritt wegen Hitlers Kriegsplänen, danach zusammen mit Goerdeler eine der zentralen Personen des Widerstandes, bei der der militärische und zivile Strang zusammenliefen. War nach dem Umsturz als Reichspräsident vorgesehen. Er nahm sich in der Nacht des 20. Juli das Leben.

Boeselager, Georg, Freiherr von (25.08.1915–27.08.1944). Berufsoffizier, hochdekorierter Truppenführer an der Ostfront. Enge Zusammenarbeit mit Tresckow. 1943 bereit zum Pistolenattentat auf Hitler bei dessen Besuch an der Ostfront. Mit dem Aufbau einer Kavallerieeinheit als schneller Eingreiftruppe beauftragt, die Tresckow für den Umsturz einsetzen wollte. Fiel an der Front.

Boeselager, Philipp, Freiherr von (6.09.1917–01.05.2008). Berufsoffizier, Ritterkreuzträger, ab 1942 Adjutant bei Feldmarschall Kluge, später Truppenführer im Kavallerieverband seines Bruders Georg. Wie dieser bereit zum Pistolenattentat von 1943. Besorgte im Auftrag Treschkows den Sprengstoff für Stauffenbergs Anschlag. Brachte vor dem 20. Juli Truppen auf den Weg nach Berlin, die nach dem Scheitern des Attentats unbemerkt wieder an die Front zurückkehrten. Überlebte den Krieg.

Bolz, Eugen (15.12.1881–23.03.1945). Reichstagsabgeordneter für das Zentrum, von 1928 bis 1933 Staatspräsident von Württemberg. Gegner des Nationalsozialismus von der ersten Stunde an. Sollte in der Übergangsregierung Kultusminister werden.

Bonhoeffer, Dietrich (04.02.1906–09.04.1945). Evangelischer Pfarrer. Unermüdlicher Gegner Hitlers. Kehrte 1935 aus England zurück, um gegen den Nationalsozialismus zu arbeiten. Kontaktmann für verschiedene zivile Widerstandsgruppierungen. Wurde, wie auch sein Bruder Klaus, noch kurz vor Kriegsende ermordet.

Brauchitsch, Walther von (04.10.1881–19.12.1948). Generalfeldmarschall, nach dem Fall Fritsches dessen Nachfolger als Oberbefehlshaber des Heeres. Trotz anfänglicher Sympathien für den Widerstand ließ er sich nie zur Mitarbeit überreden. Wurde Ende 1941 von Hitler abgesetzt.

Breitenbuch, Eberhard von (20.07.1910–22.09.1980). Forstwirt. Als Reserveoffizier Ordonnanzoffizier bei Kluge. Wurde von Tresckow für den Widerstand gewonnen und stand im März 1944 für ein Pistolenattentat zur Verfügung, das allerdings nicht zur Ausführung kam, weil Ordonnanzoffiziere ohne Begründung von der Besprechung ausgeschlossen wurden und er mit geladener Pistole in der Tasche im Vorzimmer das Ende der Besprechung abwarten musste. Er blieb unentdeckt und überlebte den Krieg.

Bussche-Streithorst, Axel, Freiherr von dem (24.04.1919–26.01.1993). Berufsoffizier im IR9, Ritterkreuzträger. Wurde 1942 Zeuge einer Massenerschießung in der Ukraine, was ihn zum Widerstand brachte. War 1943 zu einem Selbstmordattentat bereit, das aber nicht zustande kam, weil Hitler einen Termin in letzter Minute absagte. Bekam keine zweite Chance zum Attentat und überlebte den Krieg schwer verletzt.

Canaris, Wilhelm (01.01.1887–09.04.1945). Admiral, seit 1935 Chef der Abwehr, wo er Oster und Dohnanyi deckte. Im Frühjahr 1944 seines Amtes enthoben, wurde er nach dem 20. Juli verhaftet.

Delp, Alfred (15.09.1907– 02.02.1945). Jesuit, Mitarbeiter an der Zeitschrift *Stimmen der Zeit*. Bis zu seiner Verhaftung Seelsorger in München. Mit Wissen seines Ordens Mitglied des Kreisauer Kreises. Wurde nach dem 20. Juli 1944 verhaftet und zum Tode verurteilt, obwohl man ihm kein Mitwissen oder gar eine Mittäterschaft am Attentat nachweisen konnte.

Dietze, Constantin von (09.08.1891–21.03.1973). Volkswirtschaftler, Professor in Rostock, Jena, Berlin und ab 1937 in Freiburg. Aktiv im Widerstand im Freiburger Kreis. Wurde 1944 festgenommen, überlebte aber Haft und Folterungen.

Dohnanyi, Hans von (01.01.1902–08.04.1945). Gegner der Nationalsozialisten von der ersten Stunde an, mit Oster in der Abwehr unter Canaris, wo er intensiv an den Umsturzplänen mitarbeitete. Wurde zusammen mit Bonhoeffer und Müller im April 1943 verhaftet und, obwohl nie verurteilt, kurz vor Kriegsende im KZ Sachsenhausen ermordet.

Dönhoff, Marion, Gräfin von (02.12.1909–11.03.2002). Publizistin, langjährige Herausgeberin der Wochenzeitung *Die Zeit*, Friedenspreisträgerin des deutschen Buchhandels. Gegnerin des Nationalsozialismus. War verwandt oder befreundet mit etlichen Mitgliedern des Widerstandes, für die sie Nachrichten überbrachte und Kontakte knüpfte, geriet aber nach dem 20. Juli nicht ins Visier der Gestapo.

DÜRR, Karl (31.01.1892–28.09.1976). Theologe, evangelischer Pfarrer, Mitglied der Bekennenden Kirche, seit 1935 an der Pauluskirche in Freiburg tätig, wo er ab 1938 im Freiburger Konzil aktiv war.

ELSASS, Fritz (11.06.1890–04.01.1945). Bis 1933 Bürgermeister von Berlin. Gewährte Carl Goerdeler nach dem Attentat Unterschlupf, wofür er verhaftet und zum Tode verurteilt wurde.

ELSER, Johann Georg (04.01.1904–09.04.1945). Schreiner und Uhrenmacher, Mitglied des Roten Frontkämpferbundes. Besonders die Aufrüstungspläne der Nazis brachten ihn gegen das Regime auf. Entschloss sich 1939, ohne fremde Hilfe einen Sprengstoffanschlag auf Hitler und andere Parteigrößen im Münchner Bürgerbräukeller zu unternehmen, aber Hitler hatte den Ort bereits verlassen, als die Ladung explodierte. Wurde nur zufällig gefasst, inhaftiert und kurz vor Kriegsende ermordet.

EUCKEN, Walter (17.01.1891–20.03.1950). Wirtschaftswissenschaftler, nach dem Krieg Mitbegründer der Freiburger Schule und einer der geistigen Väter der sozialen Marktwirtschaft. Als Professor in Freiburg war er Mitglied des Freiburger Kreises.

FAULHABER, Michael von (05.03.1869–12.06.1952). Erzbischof von München, später Kardinal. Nachdem er zunächst die politischen Obrigkeiten grundsätzlich respektiert hatte, begann er ab etwa 1937 den Nationalsozialismus zu verurteilen. War maßgeblich an der Abfassung der Enzyklika *Mit brennender Sorge* beteiligt. Äußerte sich scharf gegen Euthanasie und Entfernung der Kreuze in den Schulen und war 1943 Mitunterzeichner des »Dekaloghirtenbriefs«.

FELLGIEBEL, **Erich** (04.10.1886–04.09.1944). Berufsoffizier und General der Nachrichtentruppe. Kam über Beck bereits 1938 zum Widerstand. War am 20. Juli 1944 in der Wolfsschanze und versuchte, diese nach dem Attentat nachrichtentechnisch von der Außenwelt abzuschließen. Nachdem Hitlers Überleben feststand, mussten diese Befehle wieder aufgehoben werden. Fellgiebel wurde verhaftet und später vom Volksgerichtshof zum Tode verurteilt.

FISH, **Mildred** (16.09.1922–16.02.1943). Amerikanische Anglistin, Mitglied der Roten Kapelle. Lernte ihren späteren Mann, Arvid Harnack, in den USA kennen und folgte ihm nach Deutschland. Als die Rote Kapelle aufflog, wurde sie zunächst zu sechs Jahren Gefängnis verurteilt, doch dann hob Hitler dieses Urteil persönlich wieder auf. In einem zweiten Prozess wurde sie zum Tod durch die Guillotine verurteilt.

FRAENKEL, **Edith** (08.02.1922–nach Okt. 1944). Mitglied in der Gruppe Herbert Baums, den sie in der sogenannten »Judenabteilung« bei Siemens kennenlernte. Wurde nach dem Brandanschlag verhaftet, erst nach Theresienstadt und dann nach Auschwitz deportiert, wo sich ihre Spur verliert.

FRANKFURTER, **David** (09.07.1909–19.07.1982). Sohn eines kroatischen Oberrabbiners. Studierte in Bern Medizin. Erschoss 1936 aus Protest gegen die fortgesetzte Diskriminierung der Juden in Deutschland den Landesgruppenleiter der schweizerischen NSDAP, Wilhelm Gustloff. Er wurde in der

Schweiz zu Gefängnishaft verurteilt und wanderte nach dem Krieg nach Palästina aus.

FRANKL, **Viktor** (26.03.1905–02.09.1997). Wiener Neurologe und Psychiater, Begründer der Logotherapie, der sogenannten »Dritten Wiener Schule«. Arbeitete bis 1942 am Rothschild-Spital, dem einzigen, zu dem Juden noch Zugang hatten. Er lehnte es ab, in die USA zu emigrieren, da er seine Eltern nicht allein zurücklassen wollte; wurde 1943 mit ihnen und seiner Frau deportiert und überlebte das KZ als Einziger. Kehrte nach dem Krieg nach Wien zurück, wo er bis zu seinem Lebensende blieb. Seine Erlebnisse im KZ beschrieb er in seinem Buch *Trotzdem Ja zum Leben sagen. Ein Psychologe erlebt das KZ*, das in über zwanzig Sprachen übersetzt wurde und sich mehr als zehn Millionen Mal verkauft hat.

FRITSCH, **Werner, Freiherr von** (04.08.1880–22.09.1939). Berufsoffizier. 1934 Chef der Heeresleitung, 1935 Oberbefehlshaber des Heeres. Obwohl er die Aufrüstungspläne mittrug, versuchte er, die Generalität auf kritische Distanz zu Hitler zu halten. Da Hitler sich dieses Kritikers entledigen wollte, wurde er 1938 der Homosexualität beschuldigt, vom Dienst suspendiert und entlassen. In einem Militärprozess wurde die Falschheit dieser Beschuldigung zwar nachträglich festgestellt, Fritsch aber nicht wieder in sein Amt eingesetzt. Stattdessen erhielt er das Kommando über ein Artillerieregiment, an dessen Spitze er in den ersten Wochen des Krieges fiel.

FROMM, **Friedrich** (08.10.1888–12.03.1945). Berufsoffizier, oberster Befehlshaber des Ersatzheeres und damit Vorgesetzter von Olbricht und Stauffenberg, die quasi unter seinen Augen den Umsturz vorbereiteten und ihn immer wieder zu gewinnen versuchten. Als der Putschversuch zusammenbrach, ließ er Beck, Olbricht, Stauffenberg, Haeften und Merz von Quirnheim festnehmen und standrechtlich erschießen. Obwohl er maßgeblich an der Niederschlagung des Aufstands beteiligt war, wurde er schließlich selbst zum Tode verurteilt.

GALEN, **Clemens, Graf von** (16.03.1878–22.03.1946). Ab Juli 1933 Bischof von Münster. Verurteilte immer wieder in Predigten die Ideologie des Nationalsozialismus. Berühmt wurden unter anderem drei Predigten aus den Monaten Juli und August 1941, die sehr bald heimlich gedruckt und verteilt wurden. Einzig der starke Rückhalt in der Bevölkerung bewahrte ihn vor der Verhaftung. Galen wurde im Herbst 2005 seliggesprochen.

GERSDORFF, **Rudolf, Freiherr von** (27.03.1905–27.01.1980). Berufsoffizier, kam 1941 durch Vermittlung seines Vetters Fabian von Schlabrendorff zur Heeresgruppe Mitte und in Kontakt zu Henning von Tresckow. War 1943 zu einem Selbstmordattentat bereit, das aber nicht zur Ausführung kam, weil Hitler den Ort überraschend verließ. Er war einer der wenigen Widerständler, die nicht gefasst wurden, und überlebte den Krieg.

GISEVIUS, **Hans-Bernd** (14.07.1904–23.02.1974). Jurist, Beamter, zunächst bei der preußischen Polizei, dann bei der Gestapo, Mitglied der NSDAP. Anfänglich ein Anhänger Hitlers, sah er sich bald von der Gewalttätigkeit und Rechtlosigkeit der Nationalsozialisten, insbesondere nach dem Röhmputsch, abgestoßen. Spätestens ab 1938 Kontakt zu Beck. Wurde bei Kriegsbeginn zur Abwehr unter Canaris eingezogen. Eingeweiht in die Pläne bezüglich des 20. Juli, verbrachte er den Tag im Bendlerblock, konnte aber entkommen und in die Schweiz fliehen, wo er das Kriegsende erlebte.

Goerdeler, Carl (31.07.1884–02.02.1945). Bürgermeister erst von Königsberg, dann von 1930 bis 1937 von Leipzig. Einer der unermüdlichsten Gegner Hitlers seit dessen Machtübernahme. Mit Beck eine der wichtigsten Persönlichkeiten des Widerstandes. Eine Anstellung bei Robert Bosch erlaubte es ihm, unauffällig in Deutschland und sogar im Ausland zu reisen, weshalb er mit fast allen Bereichen des Widerstandes in Kontakt stehen konnte. Sollte in der neuen Regierung den Reichskanzler stellen. Wurde bereits vor dem Attentat, mit dem er nicht einverstanden war, verhaftet.

Graf, Willi (02.01.1918–12.10.1943). Mitglied der Weißen Rose. Als Schüler in katholischen Jugendgruppen aktiv, war er nie Anhänger Hitlers. Nach dem Abitur und dem Arbeitsdienst studierte er Medizin und war von 1940 bis 1942 als Sanitäter an der Front, wo er Hans Scholl und Alexander Schmorell kennenlernte. Wurde einer der engsten Mitarbeiter der Weißen Rose, am selben Tag wie die Geschwister Scholl verhaftet, aber erst Monate später zum Tode verurteilt.

Gröber, Conrad (01.04.1872–14.02.1948). Ab 1932 Erzbischof von Freiburg. Obwohl er den Nationalsozialismus in dessen Anfängen vorsichtig begrüßte und sogar Ehrenmitglied der SS wurde, war seine Haltung später vom Bemühen um Ausgleich der deutlich werdenden Differenzen und schließlich von offener Gegnerschaft gekennzeichnet. Sprach sich gegen den Boykott jüdischer Geschäfte und gegen die Euthanasie aus und unterstützte die Bemühungen von Gertrud Luckner.

Grynszpan, Herschel (28.03.1921–*sine data*). Sohn eines aus Polen nach Hannover eingewanderten Juden. Erhielt 1936 kein Visum für Palästina und ging nach Frankreich. Als seine Familie 1938 nach Polen abgeschoben wurde, erschoss er in der deutschen Botschaft willkürlich den jungen Diplomaten Ernst von Rath. Von der französischen Polizei verhaftet, wurde er 1940 nach Deutschland ausgeliefert. Der Prozess sollte ihm erst nach dem Krieg gemacht werden. Weitere Spuren Grynszpans verloren sich. Der Mord an Ernst von Rath wurde als Rechtfertigung für die Pogrome der Reichskristallnacht missbraucht.

Haas-Heye, Libertas (20.11.1913–22.12.1942). Ehefrau von Harro Schulze-Boysen, den sie 1936 heiratete und dessen Aktivitäten in der Roten Kapelle sie unterstützte. War zunächst Mitglied der NSDAP, setzte aber 1937 ihren Austritt durch. Wurde zum Tode verurteilt.

Hackelsberger, Albert (17.10.1893–25.09.1940). Industrieller, Mitglied des Reichstags. Wirkte wesentlich am Zustandekommen des Konkordats mit. Als Vorstand der Zentrumspartei verhandelte er mit Hitler das Ermächtigungsgesetz und später die Auflösung der eigenen Partei.1934 war er maßgeblich an der Gründung des Jesuitenkollegs in St. Blasien beteiligt. Wurde 1938 wegen eines angeblichen Devisenvergehens verhaftet, sollte wegen Hochverrats angeklagt werden, verstarb aber 1940 im Gefängnis unter nicht geklärten Umständen.

Haeften, Werner von (09.10.1908–20.07.1944). Wurde nach einer schweren Verwundung an der Ostfront Adjutant Stauffenbergs in Berlin. Maßgeblich an der Erstellung der

Umsturzpläne beteiligt, lehnte er es selbst aber ab, zum Attentäter zu werden. Begleitete Stauffenberg dennoch am 20. Juli zur Wolfsschanze, half ihm das Attentat vorzubereiten und kehrte nach der Explosion mit ihm nach Berlin zurück. Wurde noch am Abend des Umsturzes im Bendlerblock standrechtlich erschossen.

HAFFNER, **Sebastian** (27.12.1907–02.01.1999). Publizist und Schriftsteller. 1938 emigrierte er als Gegner des Nationalsozialismus nach London. Wurde bekannt durch seine Bücher *Anmerkungen zu Hitler* und *Geschichte eines Deutschen*.

HALDER, **Franz** (30.06.1884–02.04.1972). Berufsoffizier, Nachfolger Becks als Chef des Generalstabs. Versuchte 1938/39, Hitler von seinen Kriegsplänen abzubringen, und war sogar zur Zusammenarbeit mit den Widerständlern um Beck und zum Putsch bereit. Nach Kriegsbeginn zog er sich vom Widerstand zurück, ohne ihn allerdings zu verraten. Wegen fortgesetzter Meinungsverschiedenheiten mit Hitler wurde er 1942 seines Amtes enthoben, nach dem 20. Juli 1944 sogar verhaftet, später aber wieder freigelassen.

HARNACK, **Arvid** (24.05.1901–22.12.1942). Studierte Jura und Volkswirtschaftslehre in Deutschland und den USA. Ab 1933 war er im Wirtschaftsministerium tätig. Versammelte ab 1936 einen Kreis Oppositioneller um sich, der sich 1939 mit der Gruppe um Schulze-Boysen zur Roten Kapelle vereinigte. Harnack gab ab 1936 Informationen an die amerikanische und sowjetische Botschaft weiter. Trat 1937 zum Schutz in die NSDAP ein. Wurde 1942 zusammen mit Harro Schulze-Boysen enttarnt und zum Tode verurteilt.

HASSELL, **Hans Ulrich von** (12.11.1881–08.09.1944). Diplomat, unter anderem von 1932 bis 1938 Botschafter in Rom. Wurde aus dem Dienst entlassen, weil er die NS-Außenpolitik ablehnte. Danach aktiv im Widerstand. In der geplanten Regierung war er als Außenminister vorgesehen. Wurde nach dem Attentat verhaftet und zum Tode verurteilt.

HOEPPNER, **Erich** (14.09.1886–08.08.1944). Generaloberst, bereits seit 1938 mit Beck und Witzleben in Kontakt. Als er im Winter 1941, einem Führerbefehl widersprechend, einen Teilrückzug befahl, wurde er sofort entlassen. Den 20. Juli verbrachte er in der Bendlerstraße, wo er verhaftet wurde.

HOF, **Otto** (13.02.1902–12.01.1980). Pfarrer der Christusgemeinde in Freiburg, ab 1937 Leiter der Freiburger Bekennenden Kirche und Mitglied des Freiburger Konzils.

HOFACKER, **Cäsar von** (11.03.1896–20.12.1944). Vetter Stauffenbergs. Zu Friedenszeiten in der Seidenindustrie tätig, wurde zu Kriegsbeginn als Reserveoffizier eingezogen. Mit Stülpnagel für den kurzfristigen Erfolg des Staatsstreichs in Paris verantwortlich.

HORTEN, **Titus** (09.08.1882–25.01.1936). Dominikaner, seit 1927 Generalprokurator für die Missionen des deutschen Dominikanerordens. Als Pater im Kloster Vechta genoss er wegen seiner Frömmigkeit und seines Charismas hohes Ansehen bei den Gläubigen in Westfalen. Vermeintliche Devisenvergehen wurden als Vorwand für seine Verhaftung 1935 genutzt. Er starb im Gefängnis, weil man ihm medizinische Behandlung versagte. Sein Begräbnis, zu dem sechstausend Menschen kamen, wurde als stiller Protest gegen das Regime gewertet.

Hösslin, Roland von (21.02.1915–13.10.1944). Berufsoffizier, befreundet mit Stauffenberg, mit dem er bei den Bamberger Reitern diente und durch den er zum Widerstand kam. Wurde einen Monat nach dem 20. Juli verhaftet und bald danach zum Tode verurteilt.

Huber, Kurt (24.10.1893–13.07.1943). Professor an der Universität München, wo er Musikwissenschaften, Philosophie und Psychologie lehrte. Einziges nicht studentisches Mitglied der Weißen Rose. Mitverfasser der letzten beiden Flugblätter. Wurde bald nach den Geschwistern Scholl verhaftet und zum Tode verurteilt.

Hübner, Helmuth (08.01.1925–27.10.1942). Mitglied der mormonischen Kirche. Sammelte mit Freunden Informationen des BBC, die er auf Flugblättern verteilte. Mit siebzehn Jahren vom Volksgerichtshof zum Tode verurteilt.

Jessen, Jens (11.12.1895–30.11.1944). Professor für Staats- und Wirtschaftswissenschaften in Berlin. Mitglied der Mittwochsgesellschaft. Arbeitete an Plänen für eine Verfassung nach dem Umsturz. Hatte mit dem Attentat des 20. Juli und dem Putschversuch nichts zu tun, wurde aber der Mitwisserschaft beschuldigt und zum Tode verurteilt.

Kardorff, Ursula von (10.01.1911–25.01.1988). Journalistin für die *Deutsche Allgemeine Zeitung*, jedoch im unpolitischen Feuilleton. War bekannt mit einigen Widerständlern, weswegen sie nach dem 20. Juli kurzfristig selbst ins Blickfeld der Gestapo geriet. Wurde unter anderem bekannt durch ihre unter dem Titel *Berliner Aufzeichnungen 1942–1945* publizierten Tagebücher.

KLUGE, **Hans Günther von** (30.10.1882–19.08.1944). Berufsoffizier, hochdekorierter Truppenführer in Polen, Frankreich und Russland. 1940 Ernennung zum Generalfeldmarschall, 1941 zum Befehlshaber der Heeresgruppe Mitte und 1944 zum Oberbefehlshaber West. Trotz zahlloser Überzeugungsversuche, insbesondere Tresckows und Goerdelers, war Kluge nie zur Mitarbeit im Widerstand bereit, deckte dessen Arbeit aber in seinem Bereich. Wurde nach dem 20. Juli der Mitwisserschaft verdächtigt und nahm sich schließlich das Leben.

KNÖCHEL, **Wilhelm** (08.11.1899–24.07.1944). Arbeiter, Kommunist. Wechselte 1923 von der SPD zur KPD. 1932 bis 1936 in Moskau. Ab 1936 in Amsterdam, von wo aus er die Untergrundarbeit der Kommunisten in den Gruben des Ruhrgebiets leitete. 1942 reiste er heimlich nach Berlin, wo er eine Widerstandsgruppe aufbaute. Anfang 1943 wurde er verhaftet, schwer gefoltert und schließlich hingerichtet.

KOCHMANN, **Martin** (30.10.1912–07.09.1943). Enger Freund und Vertrauter Herbert Baums schon von Kindesbeinen an. Jude und Kommunist wie dieser und aktives Mitglied in dessen Gruppe.

KOCHMANN, **Sala** (07.06.1912–18.08.1943). Ehefrau von Martin Kochmann, wie dieser Mitglied in der Herbert-Baum-Gruppe.

KORDT, **Erich** (10.12.1903–11.11.1969). Diplomat. Ab 1936 in London unter Botschafter Joachim von Ribbentrop. 1937 Mitglied der NSDAP. 1938 Leiter des Ministerbüros des neuen Außenministers Ribbentrop. Stand in Kontakt mit dem

Widerstandskreis um Hans Oster. Im September 1938 informierte er die britische Regierung über die Pläne der Septemberverschwörung und versuchte, sie zu einer Rundfunkerklärung zu veranlassen. 1939 unterrichtete er sie über den bevorstehenden Hitler-Stalin-Pakt. 1941 kam er nach Japan und 1943 nach China, wo er den Krieg überlebte.

LAMPE, **Adolf** (08.08.1897–09.02.1948). Volkswirt, seit 1926 Professor in Freiburg. Mitglied des Freiburger Kreises, wurde 1944 in Untersuchungshaft genommen und gefoltert, jedoch kurz vor Kriegsende entlassen.

LEBER, **Julius** (16.11.1891–05.01.1945). Gewerkschaftler, Sozialdemokrat, Reichstagsabgeordneter. Bereits am 1. Februar 1933 verhaftet, bis 1937 in verschiedenen KZ. Danach im Widerstand in enger Zusammenarbeit mit Goerdeler und Mitglied im Kreisauer Kreis.

LEUSCHNER, **Wilhelm** (15.06.1888–29.09.1944). Gewerkschaftler, bereits in den dreißiger Jahren mehrmals verhaftet. Bereitete mit Beck und Goerdeler eine Übergangsregierung vor. Wurde nach dem Attentat vom 20. Juli verhaftet.

LICHTENBERG, **Bernhard** (03.12.1875–03.11.1943). Dompropst der St.-Hedwigs-Kathedrale in Berlin. Wurde verhaftet, nachdem er öffentlich die Ermordung Geisteskranker verurteilt hatte. Starb in der KZ-Haft.

LUCKNER, **Gertrude** (26.09.1900–31.08.1995). In England geboren, gehörte sie zunächst den Quäkern an, ließ sich aber 1934 katholisch taufen. Da ihre kritische Haltung zum NS-Regime bekannt war, wurde sie schon ab 1933 überwacht. Ab 1936 arbeitete sie bei der Caritas in Freiburg unter dem Schutz des Freiburger Erzbischofs, Konrad Gröber. Half vielen Juden bei der Auswanderung und hielt auch öffentlich Kontakt zu vielen jüdischen Familien. 1943 wurde sie verhaftet, kam ins KZ, überlebte aber den Krieg.

MANSTEIN, **Erich von** (24.11.1887–11.06.1973). Berufsoffizier, bis 1938 Vertreter von Ludwig Beck. Fähiger Stratege sowohl im Frankreich- als auch im Russlandfeldzug. Sprach sich immer gegen eine Einmischung Hitlers in die militärischen Belange aus, nie aber gegen die politischen Ziele. Alle Versuche, vor allem von Tresckow, ihn für den Widerstand zu gewinnen, scheiterten. Wurde nach dem Krieg zu zwölf Jahren Gefängnis verurteilt.

MARSCHALL VON BIEBERSTEIN, **Fritz, Freiherr** (11.04.1883–17.10.1939). Jurist, seit 1920 Professor für Staats- und Völkerrecht an der Universität Freiburg. Gehörte dem Freiburger Konzil an, einer Gruppe, die dem Freiburger Kreis zugerechnet wird und sich regelmäßig in seinem Haus in der Dreisamstraße versammelte.

MERTZ VON QUIRNHEIM, **Albrecht Ritter** (25.03.1905–20.07.1944). Berufsoffizier, enger Freund von Stauffenberg seit der Militärakademie, wie dieser zunächst Sympathisant Hitlers. Spätestens seit 1943 im engen Kreis der Verschwörer. 1944 im Stab bei Olbricht, wo er am 20. Juli maßgeblich am Umsturzversuch beteiligt war und noch am selben Tag im Bendlerblock erschossen wurde.

MEYER, **Gerhard** (12.01.1919–18.08.1942). Mitglied der Herbert-Baum-Gruppe. Wie Baum Zwangsarbeiter bei Siemens. Wurde nach dem Brandanschlag verhaftet und zum Tode verurteilt.

MIERENDORFF, **Carlo** (25.03.1897–04.12.1943). Reichstagsabgeordneter für die SPD. Hatte zwischen 1933 und 1937 furchtbare Erlebnisse im KZ, aus dem er jedoch wieder freikam. Danach unermüdlich im Widerstand tätig bis zu seinem Tod bei einem Bombenangriff.

MOLTKE, **Helmuth James, Graf von** (11.03.1907–23.01.1945). Jurist. Ziviler Beamter im Oberkommando der Wehrmacht. Zentrale Figur des Kreisauer Kreises. Wurde bereits im März 1944 verhaftet, nachdem er einen Freund vor dessen Festnahme gewarnt hatte. Nach dem Umsturzversuch vom 20. Juli verurteilt und in Plötzensee hingerichtet.

MÜLLER, **Otto** (09.12.1870–12.10.1944). Priester, Generalsekretär der katholischen Arbeiterverbände, schließlich Verbandspräses für die Erzdiözese Köln. Stand in engem Kontakt zu den Widerständlern des 20. Juli und wurde im August 1944 als letzter der Mitarbeiter der Verbandszentrale festgenommen. Er starb in der Haft.

NIEMÖLLER, **Martin** (14.01.1892–06.03.1984). Evangelischer Pfarrer, der im Ersten Weltkrieg als U-Boot-Kommandant und 1920 im Freikorps gegen aufständische Arbeiter kämpfte. Bereits 1933 distanzierte er sich vom Nationalsozialismus und den nationalsozialistisch gesinnten evangelischen Deutschen Christen und sprach sich insbesondere gegen den sogenannten »Arierparagraphen« aus. Aktives Mitglied der Bekennenden Kirche. Wurde 1935 das erste Mal verhaftet und 1937 zum zweiten Mal. Kam ins KZ, wo er das Kriegsende erlebte.

Nach dem Krieg Mitglied des Rates der Evangelischen Kirchen Deutschlands und des Weltkirchenrates in Genf.

OERTZEN, Hans Ulrich (06.03.1915–21.07.1944). Berufsoffizier, ab 1943 im Generalstab der Heeresgruppe Mitte bei Henning von Tresckow. Arbeitete wesentlich an der Erstellung des Plans für die »Operation Walküre« mit; er war am 20. Juli als Verbindungsoffizier in Berlin und direkt am Umsturzversuch beteiligt. Nahm sich kurz vor der bevorstehenden Verhaftung das Leben.

OHSER, Erich (18.03.1903–06.04.1944). Schlosser, später Grafiker und Buchillustrator. Bekannt geworden durch seine *Vater und Sohn*-Geschichten, die er unter dem Pseudonym E. O. Plauen veröffentlichte, da er selbst als früher Kritiker des Nationalsozialismus bereits seit 1934 Berufsverbot hatte. Wurde zusammen mit einem Freund denunziert, als sie sich negativ über den Kriegsverlauf äußerten, und nahm sich in der Haft das Leben.

OLBRICHT, Friedrich (04.10.1888–20.07.1944). Berufsoffizier, schon 1933 mit Goerdeler in Kontakt, ab 1938 mit Oster, Beck und Witzleben. Ab 1940 Chef des Allgemeinen Heeresamtes, wo er die Pläne zur »Operation Walküre« für den Staatsstreich umfunktionierte. 1943 holte er sich Stauffenberg als Chef seines Stabes. Löste nach dem Attentat die Befehle zum Staatsstreich nicht aus, weil zunächst Hitlers Überleben gemeldet worden war. Wurde noch in der Nacht des 20. Juli standrechtlich erschossen.

OSTER, Hans (09.08.1888–09.04.1945). Berufsoffizier, seit 1934 erbitterter Gegner Hitlers und bis zu seiner Verhaftung einer der wichtigsten Antreiber zu Widerstand, Staatsstreich und Attentat unter den Obersten der Wehrmacht. Mit Dohnanyi unter Canaris in der Abwehr, bis er 1943 entlassen wurde. Nach dem 20. Juli verhaftet und kurz vor Kriegsende im KZ Flossenbürg ermordet.

POPITZ, **Johannes** (02.12.1884–02.02.1945). Gehörte schon dem Kabinett Schleichers an und war unter den Nazis schließlich preußischer Staats- und Finanzminister. Seit 1938 im Widerstand. Seine Position ermöglichte ihm sogar eine Annäherung an Himmler, die aber letztlich zu keinem Kontakt und keinem Ergebnis führte.

PREYSING-LICHTENEGG, **Konrad, Graf von** (30.08.1880–21.12.1950). Kardinal, ab 1935 Bischof von Berlin. Stand früh in offener Gegnerschaft zum Nationalsozialismus. Wandte sich 1941 gegen die Euthanasie, setzte sich offen für Verfolgte des Regimes ein, für die er extra ein Hilfswerk gründete, und übernahm selbst dessen Vorsitz, als der bisherige Leiter verhaftet wurde. Stand in Kontakt zum Kreisauer Kreis.

PROBST, **Christoph** (06.11.1919–22.02.1943). Mitglied der Weißen Rose. Studierte wie Hans Scholl in München Medizin. Da er verheiratet war und schon drei Kinder hatte, beteiligte er sich nicht an allen Aktionen der Gruppe. Allerdings war er der Verfasser des siebten Flugblatts, das Hans Scholl bei seiner Verhaftung bei sich trug, wurde von der Gestapo bereits zwei Tage danach überführt und mit den Geschwistern Scholl zusammen hingerichtet.

RAUCH, **Wendelin** (30.08.1895–28.04.1954). Theologe, katholischer Priester, von 1925 bis 1938 Professor in Mainz, dann, nachdem er wegen Einwänden der Nazis nicht Bischof von Fulda werden konnte, Domkapitular in Freiburg. Nahm gelegentlich an den Sitzungen des Freiburger Konzils teil. Nach dem Krieg Erzbischof von Freiburg.

REICHWEIN, **Adolf** (03.10.1898–20.10.1944). Professor der Nationalökonomie, sozialdemokratischer Politiker in der Weimarer Republik, Vermittler zwischen verschiedenen Widerstandsgruppen. Wurde noch vor dem 20. Juli verraten.

RITTER, **Gerhard** (06.04.1888–01.07.1967). Historiker, ab 1925 Professor in Freiburg. Mitglied des Freiburger Kreises, wurde im Herbst 1944 verhaftet, kam aber kurz vor Kriegsende wieder frei.

ROMMEL, **Erwin** (15.11.1891–14.10.1944). Berufsoffizier, hochdekorierter, geradezu legendärer Truppenführer in Frankreich, Afrika, Italien und schließlich der Normandie, in dessen Befehlsbereich es nicht nur nicht zu Verbrechen kam, sondern dem selbst seine Gegner außerordentliche Fairness bescheinigten und Respekt zollten. Ohne sich aktiv am Widerstand zu beteiligen, war er doch in dessen Pläne eingeweiht und stand bereit, nach einem erfolgreichen Attentat eine Führungsrolle zu übernehmen. Hitler zwang ihn deshalb zum Selbstmord.

ROTHOLZ, **Heinz** (28.05.1921–03.04.1943). Enger Vertrauter Herbert Baums. Wurde nach dem Brandanschlag der Herbert-Baum-Gruppe auf eine Propagandaausstellung verhaftet und kam im KZ um.

RUNDSTEDT, **Gerd von** (12.12.1875–24.02.1953). Berufsoffizier, ab 1940 im Rang eines Generalfeldmarschalls, war 1938 auf eigenen Wunsch in den Ruhestand versetzt worden, wurde zu Kriegsbeginn aber wieder aktiviert und führte im Polen-, im Frankreich- und im Russlandfeldzug je eine Heeresgruppe. Stand dem Widerstand distanziert gegenüber, war aber eingeweihter Mitwisser und fiel wegen Auseinandersetzungen mit Hitler mehrmals in Ungnade. Dennoch wurde er als wichtiger Stratege immer wieder eingesetzt. Schließlich wurde er, vermutlich aus Selbstschutz, zum Richter über die Widerständler und leitete im Sommer 1944 den »Ehrenhof« der Wehrmacht, der die am Staatsstreich beteiligten Offiziere aus der Wehrmacht ausstieß und so der zivilen Gerichtsbarkeit, und damit Freisler, auslieferte.

SAEFKOW, **Anton** (22.07.1903–18.09.1944). Arbeiter und Kommunist. Er war seit 1920 aktiv und kam bereits 1933 ins KZ. Nach sechs Jahren aus der Haft entlassen, führte er 1939 die Untergrundarbeit in Berlin weiter, wo er insbesondere in Rüstungsbetrieben Sabotageaktionen initiierte. Über Reichwein kam er in Kontakt zu den Widerständlern vom 20. Juli, wurde aber kurz vor dem Attentat verhaftet und zum Tode verurteilt.

SCHARFF, **Werner** (geboren im Jahr 1912–16.03.1945). Gründer und zentrale Persönlichkeit einer kleinen, aber sehr aktiven jüdischen Widerstandsgruppe, der Gemeinschaft für Frieden und Aufbau. Er gründete die Gruppe, nachdem er bereits deportiert worden war, aber hatte fliehen und nach Berlin zurückkehren können. Die Gruppe wurde verraten und Scharff gegen Ende des Krieges im KZ Sachsenhausen ermordet.

SCHELIHA, **Rudolf von** (31.05.1897–22.12.1942). Diplomat, Mitglied der NSDAP seit 1933, ab 1939 in der Informationsabteilung des Auswärtigen Amtes, die vor allem deutsche Verbrechen und Massenmorde zu verschleiern hatte, wo er Informationen aus erster Hand erhielt. Scheliha gab dieses Wissen ans Ausland, unter anderem in die Sowjetunion, und an Widerstandskreise weiter. Stand mit Tresckow und der Roten Kapelle in Kontakt. Als letztere aufflog, wurde auch er verhaftet, wegen Spionage verurteilt und hingerichtet.

SCHERER, **Robert** (06.03.1904–29.04.1997). Philosoph und Theologe, lebte und arbeitete als Verlagslektor in Freiburg, wo er dem NS-feindlichen, aber weitgehend unpolitischen Kreis um Reinhold Schneider angehörte. Nahm gelegentlich an Treffen des Freiburger Konzils teil.

SCHINK, **Bartholomäus**, genannt Barthel (27.11.1927–10.11.1944). Mitglied der Edelweißpiraten in Köln-Ehrenfeld, dann der Ehrenfelder Gruppe. Die Gruppe stahl Lebensmittel und Waffen, half aber auch untergetauchten Juden und Deserteuren. Ein Teil der Gruppe wurde verraten und Schink wurde mit sechzehn Jahren zusammen mit dreizehn anderen ohne Verfahren gehenkt.

SCHLABRENDORFF, **Fabian, Freiherr von** (01.07.1907–03.09.1980). Jurist, nach dem Krieg Verfassungsrichter. Offizier im Stab von Tresckow, dessen Vetter und Vertrauter er war. Stand für das Pistolenattentat während Hitlers Besuch bei der Heeresgruppe Mitte zur Verfügung und versteckte eine Sprengladung mit Zeitzünder in Hitlers Flugzeug, die jedoch nicht explodierte. Wurde nach dem 20. Juli verhaftet, gefoltert, ohne jedoch die Namen von Gersdorff, Breitenbuch, Boeselager und anderen preiszugeben, und zum Tode verurteilt.

Das Urteil wurde durch die Umstände der letzten Kriegsmonate jedoch nicht mehr vollstreckt.

SCHMORELL, **Alexander** (16.09.1917–13.07.1943). Mitbegründer der Weißen Rose. Als Medizinstudent in Hamburg tat er in den Semesterferien in derselben Studentenkompanie wie Hans Scholl und Willi Graf seinen Dienst in Russland, wo sich die drei befreundeten. Nach der Verhaftung der Geschwister Scholl floh er zunächst, wurde aber bald gefasst und wie diese zum Tode verurteilt.

SCHOLL, **Hans** (22.09.1918–22.02.1943). Zentrale Figur und Mitbegründer der studentischen Widerstandsgruppe die Weiße Rose. Aus einer katholischen Familie stammend, zunächst in der Hitler-Jugend aktiv, erkannte er bald den wahren Charakter des Nationalsozialismus. Wurde bereits 1937 zum ersten Mal inhaftiert. 1943 bei der Verteilung eines Flugblattes beobachtet, wurde er denunziert und innerhalb weniger Tage zum Tode verurteilt.

SCHOLL, **Sophie** (09.05.1921–22.02.1943). Mitglied der Weißen Rose. Trotz der ablehnenden Haltung ihrer katholischen Eltern war sie wie ihr Bruder Hans zunächst Anhängerin der nationalsozialistischen Bewegung und aktiv im Bund Deutscher Mädel. Wie dieser erkannte sie ihren Irrtum bald und wurde wegen Aufsässigkeit 1937 mit ihm zum ersten Mal für kurze Zeit festgesetzt. Ab 1942 studierte sie Biologie und Philosophie in München und setzte gegen den Willen von Hans, der sie schützen wollte, durch, in die Weiße Rose aufgenommen zu werden. Wurde mit ihrem Bruder verhaftet und hingerichtet.

Schulenburg, **Fritz-Dietloff, Graf von der** (05.09.1902–10.08.1944). Jurist und Verwaltungsbeamter. Ab 1932 Mitglied der NSDAP, bekleidete er verschiedene Parteiämter und Verwaltungsstellen. 1937 stellvertretender Polizeipräsident von Berlin. Spät, aber um so heftiger, wandte er sich von Hitler ab und wurde 1940 aus der NSDAP ausgeschlossen. Ab 1941 war er einer seiner entschiedensten und furchtlosesten Widersacher, der laufend neue Mitstreiter zu gewinnen suchte. Am 20. Juli hielt er sich im Bendlerblock auf, wo er verhaftet wurde.

Schulze-Boysen, **Harro** (02.09.1907–22.12.1942). Einer der zentralen Aktivisten in der Roten Kapelle. Er hatte zunächst Jura studiert und wollte Publizist werden, was aber bereits 1933 vereitelt wurde, als SA-Truppen die Redaktion der von ihm herausgegebenen Zeitschrift *Der Gegner* stürmten. Danach war er im Reichsluftfahrtsministerium tätig. Ab 1935 traf er sich regelmäßig mit sehr unterschiedlichen, grundsätzlich linksgerichteten jungen Menschen, die bald dazu übergingen, Flugblätter zu verbreiten. 1939 tat er sich mit einer ähnlich strukturierten Gruppe um Arvid Harnack zusammen, womit die Rote Kapelle erst entstand. Ab 1940 war Schulze-Boysen mit sowjetischen Diplomaten und Agenten in Kontakt, denen er militärische Information weitergab, bis die Gruppe 1942 enttarnt wurde.

Schulze-Büttger, **Georg** (05.10.1904–13.10.1944). Berufsoffizier, bis 1938 Adjutant bei Ludwig Beck, später im Generalstab der Heeresgruppe Mitte, wo er in engem Kontakt zu Hennig von Tresckow stand. Wurde kurz nach dem Attentat vom 20. Juli verhaftet, im Oktober 1944 vom Volksgerichtshof verurteilt und noch am selben Tag hingerichtet.

SCHWALB, **Nathan** (01.04.1908–24.03.2001). Geboren im österreichischen Galizien, der heutigen Ukraine, wanderte er 1929 nach Palästina aus; seine Familie dagegen blieb zurück und wurde 1941 von der Gestapo erschossen. 1938/39 war er Delegierter des Hechaluz in Prag und Wien, dann in Genf, von wo aus er unermüdlich daran arbeitete, Juden aus Deutschland und den besetzten Gebieten die Ausreise zu ermöglichen. Nach dem Krieg war er in Israel besonders als Gewerkschaftler aktiv.

SCHWERSENZ, **Jizchak** (30.05.1915–01.06.2005). Einer jüdischen Kaufmannsfamilie in Berlin entstammend, war er in der jüdischen Jugendbewegung aktiv und wurde später jüdischer Religionslehrer. Floh 1942 in den Untergrund und gründete 1943 die Gruppe Chug Chaluzi (Pionierkreis), die sich um Fluchtmöglichkeiten für deutsche Juden ins Ausland bemühte. 1944 gelang ihm die Flucht in die Schweiz, von wo aus er die Arbeit seiner Gruppe mit gefälschten Dokumenten und Geld unterstützte.

STAUFFENBERG, **Berthold, Schenk Graf von** (15.03.1905–10.08.1944). Jurist, Richter bei der Marine und enger Vertrauter seines Bruders Claus. Wie dieser war er in seiner Jugend Mitglied des Stefan-George-Kreises. Er glaubte im Gegensatz zu seinem Bruder nicht an den Erfolg des Anschlages, war aber der Ansicht, dass er dennoch ausgeführt werden müsse, »[...] für unser Land und unsere Kinder [...]«.

STAUFFENBERG, **Claus, Schenk Graf von** (15.11.1907–20.07.1944). Berufsoffizier. Gläubiger Katholik und in seiner Jugend glühender Verehrer von Stefan George, der ihn in seiner Berufswahl bestärkte, obwohl er als sehr sensibler und musischer Mensch nur wenig ins Militär passte. Zunächst Sympathisant des Nationalsozialismus. Hervorragender Truppenführer an der Ostfront und in Afrika, wo er 1943 schwer verwundet wurde. Erst dann schloss er sich dem Widerstand an, dessen wichtigster Mann er bald wurde. Im Stab des Ersatzheeres bei Olbricht plante er das Attentat vom 20. Juli und führte es selbst aus.

STIEFF, **Hellmuth** (06.06.1901–08.08.1944). Berufsoffizier, ab 1942 Generalmajor im Generalstab des Heeres. Als einer der wenigen, die noch Zugang zu Hitler hatten, war er Anfang Juli 1944 für ein Attentat vorgesehen, das er sich dann aber nicht zutraute.

STÜLPNAGEL, **Karl-Heinrich von** (02.01.1886–30.08.1944). Berufsoffizier, General der Infanterie. Befreundet mit Beck, war er bereits in die Umsturzpläne von 1938 eingeweiht. Ab 1942 war er Militärbefehlshaber in Frankreich, wo am 20. Juli 1944 alle im Plan für die »Operation Walküre« vorgesehenen Aktionen umgesetzt wurden, wofür er zum Tode verurteilt wurde. Stülpnagels Motivation zum Widerstand ist umstritten, da er sich stark mit etlichen Zielen des Nationalsozialismus identifizierte, insbesondere dem Kampf gegen den jüdischen Bolschewismus. 1941 kam es in seinem Frontabschnitt in der Ukraine zu tagelangen Massakern an Juden, denen er keinen Einhalt gebot.

TRESCKOW, **Henning von** (10.01.1901–21.07.1944). Berufsoffizier. Trotz anfänglicher Sympathie für den Nationalsozialismus fühlte er sich bald von dessen rechtlosem Gebaren abgestoßen. Ab 1938 mit Beck und Oster in Kontakt. Zentrale Gestalt des militärischen Widerstandes in der Heeresgruppe

Mitte. Initiator etlicher Attentatsversuche. Mitarbeiter am Umsturzplan und enger Vertrauter Stauffenbergs. Nahm sich einen Tag nach dem Attentat das Leben, da er nicht hoffen konnte, seine Beteiligung geheim halten zu können.

TROTT ZU SOLZ, **Adam von** (09.04.1909–26.08.1944). Diplomat mit sehr guten Kontakten nach England und Amerika. Versuchte noch 1939 Chamberlain und 1940 Roosevelt für den deutschen Widerstand zu gewinnen. Wurde nach dem Attentat verhaftet und schon bald zum Tode verurteilt.

UHRIG, **Robert** (08.03.1903–21.08.1944). Arbeiter, Kommunist, bereits mit siebzehn Jahren aktiv in der Berliner KPD. Von 1934 bis 1936 war er im KZ, führte jedoch seine Untergrundarbeit sofort nach der Freilassung fort und organisierte Widerstandsgruppen in etlichen Fabriken Berlins. 1942 wurde er erneut verhaftet und im Juni 1944 zum Tode verurteilt.

VOSS, **Alexander von** (13.12.1907–08.11.1944). Berufsoffizier, im Generalstab von Erwin von Witzleben, mit dem er bereits 1941 ein Attentat plante, was aber nicht zustande kam, da Hitler den geplanten Besuch an der Front nicht antrat. Ab 1943 bei Tresckow in der Heeresgruppe Mitte. Blieb nach dem Attentat zunächst unentdeckt, konnte seine Mitgliedschaft im Widerstand dann aber doch nicht mehr verheimlichen und nahm sich das Leben.

WIRMER, **Josef** (19.03.1901–08.09.1944). Rechtsanwalt, Reichstagsabgeordneter für das Zentrum. Gegner der Nationalsozialisten von der ersten Stunde an. In engem Kontakt mit Beck und Goerdeler sowie Stauffenberg. War als Justizminister der Übergangsregierung vorgesehen.

Witzleben, Erwin von (04.12.1881–08.08.1944). Feldmarschall, spielte bereits in der Septemberverschwörung eine wichtige Rolle und plante 1941 noch einmal, weitgehend auf eigene Faust, Hitler auszuschalten. Am 20. Juli war er in Berlin, wo er den zu erwartenden Kampf gegen die SS leiten sollte. Nach dem Attentat wurde er verhaftet, aus der Wehrmacht ausgestoßen, vom Volksgerichtshof zum Tode verurteilt und hingerichtet.

Wurm, Teophil (07.12.1868–28.01.1953). Seit 1929 Bischof der evangelischen Landeskirche Württembergs. Nach anfänglichen Bemühungen, sich mit den neuen Machthabern zu arrangieren, widersetzte er sich ab 1934 vehement allen Versuchen der Nationalsozialisten, die evangelischen Kirchen zu vereinnahmen. Als Mitinitiator der Bekennenden Kirche wurde er 1934 verhaftet, aber wieder freigelassen, als zahlreiche Gläubige ihm in Versammlungen und Gottesdiensten Solidarität bewiesen. Württemberg blieb eines von drei Bistümern, die nicht der nationalsozialistischen Reichskirche in die Hände fielen.

Yorck von Wartenburg, Peter, Graf von (13.11.1903–08.08.1944). Hoher Beamter in Berlin, enger Freund von Moltke, Vetter von Stauffenberg und Mitglied des Kreisauer Kreises. Er bereitete den Staatsstreich mit vor und war am 20. Juli in der Bendlerstraße, wo er verhaftet wurde. Der Volksgerichtshof verurteilte ihn zum Tode.

Weiterführende Bibliographie

Die Literatur über den Widerstand gegen Hitler umfasst inzwischen allein auf Deutsch viele Hunderte von Büchern. Im Folgenden wurde eine kleine Liste von Titeln zusammengestellt, die einerseits einige der grundlegenden wissenschaftlichen Werke enthält und andererseits eine Reihe von gut verständlichen, nicht wissenschaftlichen Büchern zu verschiedenen Aspekten, Berichte und Lebensbilder von Mitgliedern des Widerstandes. Darüber hinaus sei auf die sehr gute und ausführliche, thematisch geordnete Bibliographie der Gedenkstätte Deutscher Widerstand in Berlin hingewiesen, die man im Internet einsehen kann unter: www.gdw-berlin.de/literat/bi-2-d.php.

ALBRECHT, Ulrike: *Das Attentat. Über Johann Elser und das Attentat auf Hitler im Bürgerbräukeller am 8. November 1939*. München 1987.

ARETIN, Karl Ottmar von und CARTARIUS, Ulrich (Hg.): *Opposition gegen Hitler*. Berlin 1994.

BREYVOGEL, Wilfried (Hg.): *Piraten, Swings und Junge Garde. Jugendwiderstand im Nationalsozialismus*. Bonn 1991.

DÖNHOFF, Marion von: *Um der Ehre willen. Erinnerungen an die Freunde vom 20. Juli*. Berlin 1994.

DUMBACH, Anette und NEWBORN, Jud: *Die Geschichte der Weißen Rose*. Freiburg 1994.

FELDMANN, Christian: *Wir hätten schreien müssen. Das Leben des Dietrich Bonhoeffer*. Freiburg 1998.

FELDMANN, Christian: *Alfred Delp. Leben gegen den Strom*. Freiburg 2005.

FEST, Joachim: *Staatsstreich. Der lange Weg zum 20. Juli.* Berlin 1994.

FRANKL, Viktor E.: *... trotzdem Ja zum Leben sagen. Ein Psychologe erlebt das Konzentrationslager.* München 1982.

GARBE, Detlef: *Zwischen Widerstand und Martyrium. Die Zeugen Jehovas im Dritten Reich.* München 1993.

GEORGI, Friedrich: *Wir haben das Letzte gewagt ... General Olbricht und die Verschwörung gegen Hitler. Der Bericht eines Mitverschworenen.* Freiburg 1990.

GOLLWITZER, Helmut, KUHN, Käthe und SCHNEIDER, Reinhold: *Du hast mich heimgesucht bei Nacht. Abschiedsbriefe und Aufzeichnungen des Widerstandes 1933–1945.* München 1954.

GRASSMANN, Peter: *Sozialdemokraten gegen Hitler.* München 1976.

HAFFNER, Sebastian: *Anmerkungen zu Hitler.* München 1978.

HAMEROW, Theodore S.: *Die Attentäter. Der 20. Juli, von Kollaboration zum Widerstand.* München 1999.

HOFFMANN, Peter: *Widerstand gegen Hitler und das Attentat vom 20. Juli 1944. Probleme des Umsturzes.* 2. überarbeitete Auflage. München 1984.

HOFFMANN, Peter: *Claus Schenk Graf von Stauffenberg und seine Brüder.* Stuttgart 1992.

HOFFMANN, Peter: *Stauffenberg und der 20. Juli.* München 1998.

JOHN, Antonius: *Philipp von Boeselager. Freiherr, Demokrat, Verschwörer.* Bonn 1994.

KARDORFF, Ursula von: *Berliner Aufzeichnungen.* Neu herausgegeben von Peter Hartl. München 1992.

KLEMPERER, Viktor: *Ich will Zeugnis ablegen bis zum letzten. Tagebücher.* Herausgegeben in zwei Bänden von Walter Nowowski. Berlin 1992.

KROCKOW, Christian von: *Eine Frage der Ehre. Stauffenberg und das Hitler-Attentat vom 20. Juli 1944.* Berlin 2002.

LEBER, Annedore, in Zusammenarbeit mit BRANDT, Willy und BRACHER, Karl Dietrich (Hg.): *Das Gewissen steht auf. Lebensbilder aus dem deutschen Widerstand 1933–1945.* Neu herausgegeben von Bracher, Karl Dietrich. Mainz 1984.

LONGERICH, Peter: *Davon haben wir nichts gewusst. Die Deutschen und die Judenverfolgung 1933–1945.* Berlin 2006.

LUSTIGER, Arno: *Zum Kampf auf Leben und Tod. Widerstand der Juden 1933–1945.* Köln 1994.

MEYER-KRAHMER, Marianne: *Carl Goerdeler und sein Weg in den Widerstand. Eine Reise in die Welt meines Vaters.* Freiburg 1989.

MOLTKE, Freya von, BALFOUR, Michael und FRISBY, Julian: *Helmuth von Moltke 1907–1945.* Stuttgart 1975.

PAGE, Helena: *General Friedrich Olbricht. Ein Mann des 20. Juli.* 2. erweiterte Auflage. Bonn 1989.

RITTER, Gerhard: *Carl Goerdeler und die Widerstandsbewegung.* Stuttgart 1954.

ROLOFF, Stefan und VIGL, Mario (Hg.): *Die rote Kapelle. Die Widerstandsgruppe im Dritten Reich und die Geschichte Helmut Roloffs.* Berlin 2002.

ROON, Ger van: *Neuordnung im Widerstand. Der Kreisauer Kreis innerhalb des deutschen Widerstandes.* München 1967.

RÜBSAM, Dagmar und SCHADEK, Hans (Hg.): *Der Freiburger Kreis. Widerstand und Nachkriegsplanung 1933–1945. Katalog einer Ausstellung.* Stadtarchiv Freiburg im Breisgau, Freiburg o. J.

SAHM, Ulrich: *Rudolf von Scheliha 1897–1942. Ein deutscher Diplomat gegen Hitler.* München 1990.

SCHAD, Martha: *Frauen gegen Hitler. Schicksale im Nationalsozialismus.* München 2001.

SCHEER, Regina: *Im Schatten der Sterne. Eine jüdische Widerstandsgruppe.* Berlin 2004.

SCHEURIG, Bodo: *Henning von Tresckow. Ein Preuße gegen Hitler.* 2. Auflage, Berlin 2004.

SCHLABRENDORFF, Fabian von: *Offiziere gegen Hitler.* Durchgesehene und erweiterte Auflage, herausgegeben von Walter Bußmann. Berlin 1984.

SCHMÄDKE, Jürgen und STEINBACH, Peter (Hg.): *Der Widerstand gegen den Nationalsozialismus. Die deutsche Gesellschaft und der Widerstand gegen Hitler.* München 1985.

SCHOLL, Inge: *Die Weiße Rose.* Frankfurt am Main 1953.

STEINBACH, Peter und TUCHEL, Johannes (Hg.): *Lexikon des Widerstandes 1933–1945.* München 1998.

THUN-HOHENSTEIN, Romedio Galeazzo von: *Der Verschwörer. General Oster und die Militäropposition.* Berlin 1982.

ÜBERSCHÄR, Gerd: *NS-Verbrechen und der militärische Widerstand gegen Hitler.* Darmstadt 2000.

ÜBERSCHÄR, Gerd: *Stauffenberg. Der 20. Juli 1944.* Frankfurt 2004.

WEBER, Hermann: *Der deutsche Kommunismus. Dokumente 1915–1945.* Köln 1963.

WEBER, Hermann: *Die Wandlung des deutschen Kommunismus.* 2 Bände. Frankfurt 1969.

YORCK VON WARTENBURG, Marion von: *Die Stärke der Stille. Erzählung eines Lebens aus dem deutschen Widerstand.* Köln 1984.

Brennpunkt / Religion und Gesellschaft

Micha Brumlik
Judentum
Was stimmt? Die wichtigsten Antworten
Band 5796
Das Judentum als widersprüchliche Einheit von Glaube, Volk, Religion und Staat verlangt nach vielen Antworten. Micha Brumlik gibt sie.

Annette E. Dumbach / Jud Newborn
Die Geschichte der Weißen Rose
Band 5249
Im Juni 1942 begann ihre Flugblattaktion: Das beeindruckende Porträt der studentischen Widerstandsgruppe im „Dritten Reich".

Rainer Eckert
DDR
Was stimmt? Die wichtigsten Antworten
Band 5735
Ideologische Vorurteile, aber auch historische Unkenntnis verstellen nur den Blick auf ostdeutsche Realitäten. Hier sind die Antworten.

Sven Felix Kellerhoff
RAF
Was stimmt? Die wichtigsten Antworten
Band 5771
War die RAF die Avantgarde der Revolution der Massen? Sah sie sich mit SS Methoden des Staates konfrontiert? Das Wichtigste zur RAF.

Michael Kraske / Christian Werner
... und morgen das ganze Land
Neue Nazis, „befreite Zonen" und die tägliche Angst – Ein Insiderbericht
Band 3004
Die messerscharfe und aufwühlende Analyse einer alarmierenden Entwicklung. Und: Was getan wird – was getan werden muss!

HERDER spektrum

Michael Lüders
Im Herzen Arabiens
Stolz und Leidenschaft – Begegnung mit einer zerrissenen Kultur
Band 5690
Die große und packende Reportage aus einer Welt, die vielen Menschen im Westen immer rätselhaft blieb. Das politische Schlüsselbuch.

Magdalena Reiswich
Herbstfrucht
Flucht und Vertreibung – angekommen nach 29 Jahren. Die dramatische Geschichte einer ungewöhnlichen Frau
Band 3018
Als Magdalena sich mit ihrem Vater über die letzte Elbebrücke in den Westen retten will, werden sie von den russischen Soldaten eingeholt – erst Jahrzehnte später wird sie in Deutschland eine Heimat finden.

Peter Spiegel
Muhammad Yunus – Banker der Armen
Der Friedensnobelpreisträger. Sein Leben. Seine Vision. Seine Wirkung
Band 5880
Ein Buch über die Macht der Würde, über die revolutionäre Kraft der Phantasie, über Hoffnung und Zivilcourage.

Charlotte Wiedemann
„Ihr wisst nichts über uns!"
Meine Reisen durch einen unbekannten Islam
Band 3012
Geschichten vom Aufbruch, von Konflikten, von Hoffnungen, recherchiert an Universitäten ebenso wie in Bauernhütten. Reportagen aus zehn Ländern, Meisterwerke journalistischer Erzählkunst.

Felix Zimmermann
Schauplatz Palästina
Leben auf beiden Seiten der Mauer
Band 5666
Wahlen in Palästina, Abzug der Siedler, Rückkehr der Touristen – ein spannendes Buch zum aktuellen Thema.

HERDER spektrum